Sauver la face, sauver la paix
Sociologie constructiviste des crises internationales

© L'Harmattan, 2010
5-7, rue de l'École-polytechnique ; 75005 Paris

http://www.librairieharmattan.com
diffusion.harmattan@wanadoo.fr
harmattan1@wanadoo.fr

ISBN : 978-2-296-12773-9
EAN : 9782296127739

Thomas Lindemann

Sauver la face, sauver la paix
Sociologie constructiviste
des crises internationales

Collection Chaos International
http://www.chaos-international.org/
Dirigée par Josepha Laroche

Comité de lecture
Thomas Lindemann, François Manga-Akoa,
Frédéric Ramel, Jean-Jacques Roche
et Catherine Wihtol de Wenden

Responsable éditorial
Simon Uzenat

Désordre, violences, chaos... ainsi est-on tenté de qualifier ce qui se joue aujourd'hui sur la scène mondiale.
Ce *chaos international* laisse l'observateur souvent démuni, sinon désemparé, devant ce qui semble se dérober à l'entendement.
La collection **Chaos International** offre à ses lecteurs des grilles de lecture qui permettent de dépasser une simple approche événementielle et descriptive des relations internationales. Dans un style clair et accessible, ses ouvrages analysent les nouveaux enjeux transnationaux et restituent le processus de mondialisation dans sa complexité.
Avec **Chaos International**, les éditions L'Harmattan s'engagent à publier sur les grands enjeux internationaux, des recherches claires et accessibles aux non-spécialistes, sans pour autant céder sur l'essentiel, à savoir la qualité épistémologique des ouvrages.

Turmoil, violence, chaos – these are the words we are inclined to use when characterizing the current state of world affairs.
Faced with today's **International Chaos**, we often react with bewilderment – indeed with hopelessness – before a perplexing reality seemingly impossible to grasp.
In response, the **International Chaos Series** offers readers an indispensable framework of analysis that goes beyond the simple descriptive approach to international events. Clearly written and accessible to the non-specialist, this series critically investigates the opportunities and risks of the new transnational order and reappraises the complex process of globalization.
With the focal point of **International Chaos** on today's most pressing international dangers, the publishers at L'Harmattan promise a series that is both accessible to general readers and grounded in the most recent and empirical research.

http://www.chaos-international.org/

Déjà parus

Josepha Laroche (Éd.), *Un Monde en sursis. Dérives financières, régulations politiques et exigences éthiques*, 2010.

Alexandre Bohas, *Disney. Un capitalisme mondial du rêve*, 2010.

Jean-Loup Samaan, *La RAND Corporation (1989-2009). La reconfiguration des savoirs stratégiques aux États-Unis*, 2010.

Annelise Garzuel, *L'Allemagne aux Nations Unies. Une diplomatie modeste*, 2009.

Hervé Pierre, *Le Hezbollah. Un acteur incontournable de la scène internationale ?*, 2008.

Auriane Guilbaud, *Le Paludisme. La lutte mondiale contre un parasite résistant*, 2008.

Josepha Laroche, Alexandre Bohas, *Canal+ et les majors américaines. Une vision désenchantée du cinéma-monde*, 2e éd., 2008.

Cyril Blet, *Une Voix mondiale pour un État. France 24*, 2008.

Guillaume Devin (Éd.), *Faire la paix*, 2005.

Léa Durupt, *Notation et environnement*, 2005.

Sommaire

Introduction 11

Partie I
Approches symboliques des conflits internationaux 19

Chapitre I
La lutte pour la reconnaissance 21
1. Logiques utilitaristes, émotionnelles et morales 21
2. Une reconnaissance pluridimensionnelle 29

Chapitre II
La lutte pour la reconnaissance internationale 37
1. *Human needs* et constructivisme 37
2. L'État peut-il être offensé ? 41

Chapitre III
La guerre pour la reconnaissance 47
1. Pour une approche constructiviste *matérialiste* 47
2. Guerre et dénis de reconnaissance 52

Partie II
Gestion de la face dans les crises internationales 65

Chapitre I
Théories des crises internationales 67
1. Les États vulnérables insensibles à la dissuasion 68
2. La reconnaissance apaisante 69

Chapitre II
Crises à l'issue belliqueuse et *face menacée* 75
1. Une vulnérabilité stratégique et identitaire 75
2. L'affirmation identitaire contre la dissuasion 83

Chapitre III
Crises à l'issue pacifique et *face sauvée* 99
1. Des États vulnérables mais pacifiques 99
2. La politique de reconnaissance 105

Conclusion 117
Bibliographie 123
Table des matières 127

Introduction

Les théories sur les origines de la guerre partent pour la plupart de la prémisse de l'acteur rationnel poursuivant des intérêts matériels, qu'il s'agisse d'intérêts économiques – *l'homo economicus*[1] – ou de pouvoir – *l'homo politicus*[2]. Cette image appauvrie des finalités humaines[3] contraste avec l'identification de la multiplicité des logiques de l'action dans d'autres domaines. Les travaux en philosophie, en psychologie sociale, sociologie, en histoire ou en science politique ont révélé l'importance des enjeux identitaires dans les relations sociales[4]. La quête de reconnaissance tient aux besoins immatériels de l'homme. Au-delà de la possession d'objets réels et tangibles, A. Kojève fait de la volonté d'être reconnu par d'autres consciences un critère décisif de distinction entre les hommes et les animaux[5]. En dehors de ce désir, le combat pour la dignité et même pour la liberté dans des dictatures relativement prospères, à l'instar du Chili de Pinochet, s'avère incompréhensible.

La reconnaissance importe pour des raisons émotionnelles, que ce soit la valorisation de soi ou l'évitement de la honte et de l'humiliation. Elle est aussi essentielle pour des raisons cognitives car la possibilité de détenir une identité est conditionnée par la reconnaissance apportée par les autres : je ne peux pas me penser sans les autres et les autres ne peuvent pas se penser sans moi[6]. Enfin le désir de reconnaissance peut avoir une dimension stratégique car une bonne réputation procure des avantages en termes de ressources[7].

Notre propos intègre la problématique de la reconnaissance dans l'étude théorique et empirique des guerres en mobilisant aussi la littérature constructiviste attentive à la dimension identitaire des intérêts sécuritaires[8]. Par exemple une puissance civile comme la RFA (République Fédérale d'Allemagne) n'a pas le même intérêt symbolique à recourir à la force armée qu'une puissance projetant une image *virile* d'elle-même comme l'Allemagne national-socialiste.

La problématique de la reconnaissance nous incite à nous interroger sur les dimensions symboliques des guerres : ne peuvent-elles pas être un moyen de préserver l'estime de soi des acteurs au lieu d'être la simple expression d'une volonté de puissance ou d'enrichissement ? Les décideurs politiques n'intègrent-ils pas aussi les coûts et les bénéfices symboliques – en termes d'image de soi – d'un recours à la force armée ? À côté des motivations économiques ou de puissance, quelle est par exemple la part des motivations symboliques dans le déclenchement des conflits armés lorsque les États-Unis recourent à la force armée contre l'État qui protège Ben Laden (l'État taliban) ou qui se réjouit des attentats du 11 septembre (Saddam Hussein) ? Peut-on écarter des motivations identitaires lorsque certains acteurs mettent en jeu leur vie au nom de leur dignité comme les kamikazes dans les conflits israélo-arabes[9] ? Selon notre thèse, le désir de reconnaissance peut être autant source de guerre et de paix que de problèmes de sécurité ou de gains politiques ou économiques. Loin d'être un épiphénomène des relations internationales, la violence symbolique définie par des atteintes (réelles ou imaginaires) à l'estime et à l'image de soi, peut avoir des effets matériels très tangibles en légitimant et en alimentant des violences physiques telles que les guerres.

Mais comment saisir empiriquement une catégorie aussi immatérielle que le désir et l'obtention de reconnaissance ? Notons pour l'instant que les *dénis de reconnaissance* sont identifiables et même souvent quantifiables par exemple en déterminant le nombre de grandes puissances exclues des instances dirigeantes internationales, en examinant l'image que le pouvoir donne de soi dans les architectures gouvernementales, le caractère doux ou punitif des traités de paix.

Les structures inégalitaires de la politique internationale constituent une autre réalité tangible et matérielle. Si toutes les inégalités forment des sources potentielles de violences symboliques – déni de reconnaissance –, ce sont plus particulièrement les inégalités juridiques et politiques qui sont ressenties comme blessantes, car elles concernent le principe sacré de la souveraineté. Ainsi, la puissance militaire écrasante des États-Unis associée à un exercice unilatéral du pouvoir est souvent ressentie comme une source d'humiliation par des États plus faibles. De même, la lutte contre la prolifération nucléaire est perçue en Iran ou en Corée du Nord comme une politique de mépris, et non comme une politique de paix[10].

La recherche de la gloire, du prestige ou tout simplement de l'honneur est généralement associée à des conflits plus anciens tels ceux qui opposaient à de grandes coalitions européennes la France de Louis XIV, celle de Napoléon ou encore l'Empire wilhelmien, l'Allemagne national-socialiste. Des observateurs sceptiques pourraient s'interroger sur la pertinence d'un tel questionnement pour les guerres modernes : de telles guerres pour le prestige ou l'honneur qui caractérisent des sociétés aristocratiques et archaïques n'échappent-elles pas à la logique consumériste des sociétés modernes plus désireuses du bien-être matériel que des questions d'honneur ?

L'ancienneté de notions telles que l'*honneur* peut facilement nous égarer sur l'importance de l'image de soi dans les relations internationales contemporaines. Ce qui a changé, ce n'est pas la logique symbolique de la guerre mais le contenu même de ce qui fait la bonne réputation et la *dignité* d'un État ou d'un groupe social.

De même l'aspiration à la gloire ne persiste-t-elle pas aujourd'hui sous la forme de messianismes divers comme celui de l'image de *défenseur du monde libre* et des droits de l'Homme au nom duquel les États-Unis se sont engagés au Kosovo en 1999[11] ?

De manière plus globale, on peut même observer la montée en puissance des revendications symboliques et identitaires sur la scène internationale. Cela est dû, au moins en partie, à la plus grande fluidité des rapports sociaux dans une modernité où la hiérarchie des sociétés traditionnelles est remise en question.

La globalisation rend la comparaison entre sociétés plus facile et de ce fait la discrimination envers des minorités et la disparité des niveaux de vie plus visible. Au sens causal le plus faible, l'impératif symbolique de conserver une bonne image de soi, amène les décideurs politiques à justifier le déclenchement des conflits armés. Même une guerre pour le pétrole ou pour les zones d'influence est uniquement envisageable contre un État *voyou* et non contre un État ami.

Au sens causal le plus fort, le désir de reconnaissance peut être le facteur le plus déterminant d'une confrontation armée surtout si une *blessure narcissique* – comme l'effondrement du *Word Trade Center* le 11 septembre – est associée à une image idéalisée de soi. Ainsi, la guerre américaine contre l'État taliban protecteur de Ben Laden en 2001 était fortement probable si on se place dans une logique symbolique[12].

En nous appuyant sur des travaux de sociologie et de philosophie politique, nous tenterons d'abord de formuler un cadre théorique pour l'étude des conflits sociaux en général, un cadre qui prenne en compte la problématique de la reconnaissance. Ensuite, nous allons préciser comment cet outil analytique peut être transposé dans l'analyse des relations internationales et conduire à la formulation d'hypothèses originales sur le déclenchement des guerres.

La reconnaissance ou les dénis de reconnaissance se reflètent aussi dans les interactions entre acteurs, comme, par exemple, les dépréciations rhétoriques[13]. E. Goffman a relevé l'importance du *tact* pour le bon fonctionnement des relations sociales[14]. Nous explorerons cette dimension plus fluide de la reconnaissance dans l'étude de quatre crises internationales, les unes à l'issue belliqueuse – celle précédant la guerre de six jours de 1967 et la crise américano-irakienne entre 2001 et 2003 –, les autres à l'issue pacifique – la crise de Cuba de 1962 et la crise entre la Libye et les États-Unis de 2001-2004. Le terme *crise* désigne ici de manière extensive des relations interétatiques où les tensions peuvent conduire à la guerre[15]. La comparaison entre ces crises est justifiée par leur nature interétatique, leur proximité chronologique et le potentiel de pouvoir de leurs protagonistes (deux conflits asymétriques par rapport à deux conflits symétriques).

Dans toutes ces crises, la plupart des décideurs ont probablement davantage agi par sentiment de vulnérabilité défensive et identitaire que par sentiment d'opportunité. Ce qui caractérise ces crises qui ont culminé dans une guerre, c'est leur gestion contraire à une politique de reconnaissance, attentive au besoin de l'autre partie de conserver une identité sociale positive.

Notes

1. Cf., Theodor Caplow, Pascal Vennesson, *Sociologie militaire*, Paris, Armand Colin, 2000 ; Greg Cashman, *What Causes War ? An Introduction to Theories of International Conflicts*, San Francisco, Lexington Books, 1993 ; Jack Levy, « Contending Theories of International Conflict », in : C. Crocker, R.O. Hampson, P. Aall (Eds.), *Managing Global Chaos*, Washington, US Institute of Peace Press, 1996, pp. 3-24 ; Charles-Philippe David, *La Paix et la guerre*, Paris, Presses de Sciences Po, 2003. Pour l'approche en termes d'*homo economicu*s cf., par exemple, John Mueller, *Retreat from Doomsday: The Obsolescence of major war*, New York, Basic Books, 1989 ; Andrew Moravcsik, « Taking Preferences Seriously: a Liberal Theory of International Politics », *International Organization*, (51), 1997, pp. 513-553.
2. Quant aux intérêts politiques internes, cf., Bueno de Mesquita, *The War Trap*, New Haven, Yale University Press, 1981 ; Dario Battistella, *Retour de l'état de guerre*, Paris, Armand Colin, 2006. Quant aux intérêts politiques externes, cf., Robert Gilpin, *War and Change in World Politics*, Cambridge, Cambridge University Press, 1981 ; Luc Sindjoun, Pascal Vennesson, « Unipolarité et intégration régionale. L'Afrique du Sud et la 'renaissance africaine' », *Revue Française de Science Politique*, 50 (6), déc. 2000, pp. 883-940 ; Stephen Van Evera, *Causes of War*, Ithaca, Cornell University Press, 1999 ; Kenneth A Shepsle, M.S. Bonchek, *Analyzing Politics, Rationality, Behaviour, and Institutions*, New York, Londres, WW Norton, 1997 ; H. R. Varian, *Intermediate Microeconomics*, Berkeley, University of California, 2005.
3. Cf., le constat de Pierre Hassner et Justin Vaïsse à propos des analyses courantes de la politique extérieure des États-Unis in : *Washington et le reste du monde. Dilemmes d'une superpuissance*, Paris, Autrement, 2003.
4. Cf., Charles Taylor, *Multiculturalisme. Différence et démocratie*, [1992], trad., Paris, Flammarion, 1994 ; Axel Honneth, *The Critic of Power. Reflective Stages in a Critical Social Theory*, [1985], trad., Cambridge, The MIT Press, 1991 ; Axel Honneth, *Kampf um Anerkennung*, Francfort a.M., Suhrkamp, 1992 ; George Herbert Mead, *L'Esprit, le soi et la société*, [1934], trad., Paris, PUF, 1963 ; Max Weber, *Économie et Société*, [1922], trad., Paris, Plon, 1971 ; Marcel Mauss, « Essai Sur le don », *Sociologie et Anthropologie*, Paris, PUF, 1991 ; Erving Goffman, *La Mise en scène de la vie quotidienne*, [1959], trad., Paris, Éditions de Minuit, 1973 ; Alexandro Pizzorno, « Considérations sur les théories des mouvements sociaux », *Politix*, 3 (9), 1990 ; Pierre Bourdieu, *La Distinction*, Paris, Éditions de Minuit, 1979 ; Luc Boltanski, Laurent Thévenot, *De la Justification : les économies de grandeur*, Paris, Gallimard, 1991 ; Michel Wieviorka, *La Violence*, Paris, Hachette, 2005 ; Alain Caillé, *Critique de la Raison utilitaire*, Paris, La Découverte, 1989 ; Jean-Jacques Becker, *L'Année 14*, Paris, Armand Colin, 2004 ; Philippe Braud, *L'Émotion en*

politique, Paris, Presses de Sciences Po, 1996 ; Philippe Braud, *Violences Politiques*, Paris, Seuil, 2003.
5. La biologie moderne ne conforte plus cette affirmation. Cf., aussi Stephen Rosen, *War and Human Nature*, Princeton, Princeton University Press, 2005.
6. Hegel, *Phänomenologie des Geistes*, [1807], Francfort a.M., Suhrkamp, 1973, p. 145.
7. Cf., par exemple, le discours d'Adimante dans *La République* de Platon.
8. Friedrich Kratochwil, *Rules, Norms and Decisions*, Cambridge, Cambridge University Press, 1989 ; Alexander Wendt, *Social Theory of International Politics*, Cambridge, Cambridge University Press, 1999 ; Stefano Guzzini, Anna Leander (Eds.), *Constructivism and World Politics*, Londres, New York, Routledge, 2006. Pour la France, cf., Bertrand Badie, *La Fin des territoires : essai sur le désordre international et l'utilité sociale du respect*, Paris, Fayard, 1995.
9. Une telle logique éclaire aussi la motivation des auteurs des attentats du 11 septembre ou la résistance des minorités nationales discriminées à l'intérieur de leurs États comme les Kurdes dans l'Irak de Saddam Hussein ou les Kosavars à l'époque de Milosevic.
10. À propos des présupposés discriminatoires du traité de non prolifération nucléaire : Jean Klein, « Vingt ans de négociations sur le désarmement et la maîtrise des armements », *Politique étrangère*, 64, aut. 1999, pp. 663-678.
11. Cf., Bertrand Badie, *Un Monde sans souveraineté*, Paris, Fayard, 1999, p. 14.
12. Cf., Erik Ringmar, *Identity, Interest, Action. A Cultural Explanation of Sweden's intervention in the Thrity Years War*, Cambridge, Cambridge University Press, 1996.
13. Axel Honneth, *Kampf um Anerkennung*, Francfort a.M., Suhrkamp, 1992, pp. 212-226.
14. Erving Goffman, *Les Rites de l'interaction*, trad., Paris, Minuit, 1974.
15. Cf., Richard N. Lebow, *Between Peace and War*, Baltimore, John Hopkins University Press, 1981 ; Michel Dobry, *Sociologie des crises politiques*, Paris, Presses de Sciences Po, 1986 ; Christopher Gelpi, *The Power of Legitimacy. Assessing the Role of Norms in Crisis Bargaining*, Princeton, Princeton University Press, 2003.

Partie I

Approches symboliques des conflits internationaux

Notre thèse sur les origines symboliques de la guerre est probabiliste. Elle ne prétend pas que toutes les guerres soient désormais dues à la volonté de ne pas perdre la face. La recherche de la reconnaissance peut être la cause primordiale dans le déclenchement d'une guerre ou un facteur secondaire servant juste à sa justification.

Chapitre I

La lutte pour la reconnaissance

Le désir de reconnaissance est important dans les relations sociales pour des raisons instrumentales – des groupes sociaux valorisés obtiennent souvent plus de ressources –, émotionnelles – éviter la honte – et cognitives – avoir une identité. Nous désignons ainsi la volonté d'un acteur de faire valoir une identité auprès des autres, une identité pouvant être définie comme une réponse à savoir qui nous sommes et qui sont les autres[1]. La reconnaissance, au sens positif est, de ce fait, toujours une relation intersubjective constituée par la congruence entre l'identité revendiquée par un acteur et l'image renvoyée par d'autres. En revanche, un déni de reconnaissance – ou autrement dit la violence symbolique – signifie que l'image revendiquée est meilleure que celle renvoyée par les autres.

Selon une équation d'inspiration goffmanienne, les violences symboliques peuvent être désignées comme la somme de l'écart entre l'image revendiquée et l'image renvoyée. Plus l'écart est grand, plus le sentiment d'humiliation est fort. L'image renvoyée ne se traduit pas seulement dans les paroles, mais aussi dans les actes matériels. Ainsi, la torture constitue-t-elle, au-delà des dommages physiques, une dénégation de la valeur morale d'une personne. En ce sens, la violence symbolique prend en « *considération toutes les 'blessures' infligées à l'identité, associées ou non à des actes matériels* »[2].

1. Logiques utilitaristes, émotionnelles et morales

Les analyses sociologiques retiennent dans une proportion variable les aspects instrumentaux, émotionnels et cognitifs dans l'articulation entre conflits sociaux et quête de la reconnaissance. Schématiquement, deux perspectives sont identifiables dans la compréhension des *motivations* de la reconnaissance. Dans une première perspective, la reconnaissance est avant tout instrumentale quand elle permet d'obtenir des gains matériels. Toutefois, même une telle interprétation repose sur l'idée d'un certain poids causal de la quête de la reconnaissance, car l'on suppose au moins que l'on va susciter auprès des autres l'intérêt symbolique de conserver une bonne image de soi. La stratégie identitaire du mendiant n'aurait pas de succès si certaines personnes ne se souciaient pas de leur image de personne généreuse. En revanche, d'autres approches mettent davantage en relief les coûts psychologiques d'un déni de reconnaissance en insistant sur les dimensions émotionnelles d'une dépréciation identitaire.

Motivations matérielles. Certains auteurs considèrent que la quête de la reconnaissance constitue avant tout un moyen d'obtenir des ressources économiques ou une position dominante dans la hiérarchie sociale. Toutefois, la plupart d'entre eux admettent également l'existence de gratifications psychologiques. L'un des premiers ouvrages qui érige cette thématique en problème sociologique demeure la *Théorie de la classe des loisirs* de Thorstein Veblen, parue pour la première fois en 1899. Il démontre que la consommation ostentatoire de la bourgeoisie américaine correspond au souci de se distinguer des autres classes sociales et donc de développer une image valorisante d'elle même. L'aspiration au prestige est à la fois instrumentale – affirmer sa domination – et une fin en soi en tant que gratification narcissique : « *En mettant sa richesse bien en vue, non seulement on fait sentir son importance aux autres, non seulement on aiguise et tient en éveil le sentiment qu'ils ont de cette importance, mais encore, chose à peine moins utile, on affermit et préserve toutes les raisons d'être satisfait de soi* »[3].

Pour sa part, *L'Essai sur le don*, de Marcel Mauss reprend cette idée en 1924, en interprétant les pratiques ostentatoires du *potlach* dans les tribus du nord-ouest américain comme une « *lutte des nobles pour assurer entre eux la hiérarchie* »[4]. Toutefois, au-delà de l'aspect utilitariste d'une conquête des positions hiérarchiques pour l'attribution des avantages matériels, il évoque, comme Veblen, la satisfaction émotionnelle de ceux qui obtiennent la reconnaissance de leur supériorité, en se référant aux Trobriandais du Pacifique occidental :

> « *Dans leur dons et dépenses, ce n'est pas la froide raison du marchand, du banquier, et du capitaliste. Dans ces civilisations, on est intéressé, mais d'autre façon que de notre temps. On thésaurise, mais pour dépenser, pour 'obliger', pour avoir de 'hommes liges' [...]. On rend avec usure mais c'est pour humilier [...] et non pas seulement pour le récompenser de la perte que lui cause une 'consommation différée'* »[5].

La sociologie inspirée de Pierre Bourdieu postule, comme les premiers auteurs, que la recherche de prestige constitue un moyen pour s'affirmer dans la lutte pour la domination. Ainsi, dans ses études sur les sociétés kabyles, il montre combien les fêtes, les cérémonies ou les dons visent à la prolonger. À cet égard, la recherche de la distinction est inconsciente et existe comme *doxa*. « *En fait, l'idée centrale, c'est que, exister dans un espace, être un point, un individu dans un espace, c'est différer, être différent ; or, selon la formule de Benveniste parlant du langage, 'être distinctif, être significatif' est la même chose* »[6].

Plus que Veblen, Pierre Bourdieu met l'accent sur les rapports de force sociaux qui sous-tendent les valorisations ou les dévalorisations de certaines pratiques culturelles. Il suggère en même temps que les identités revendiquées mettent en jeu des émotions positives. Contrairement à La Rochefoucauld, il estime que l'honneur et la *générosité* du grand seigneur ne sont pas la forme suprême du calcul cynique, mais sont subjectivement vécus comme altruistes dans les sociétés aristocratiques. Dans son analyse de l'échange des dons, il insiste sur « *l'intervalle de temps, qui distingue l'échange de dons du donnant-donnant* »[7]. Ce travail de dissimulation est incompréhensible si l'on ignore le besoin de conserver une bonne image de soi en entretenant l'illusion d'un « *don gratuit, généreux, qui n'est pas destiné à être payé de retour* »[8]. Pierre Bourdieu explique en partie son engagement de sociologue par le sentiment personnel d'exclusion à l'égard des normaliens parisiens :

> « *Il y a des formes plus ou moins subtiles de racisme social qui ne peuvent pas ne pas éveiller une certaine forme de lucidité ; le fait d'être constamment rappelé à son étrangeté incite à percevoir des choses que d'autres peuvent ne pas voir ou sentir* »[9].

Au plan international, un État discrédité aura du mal à s'intégrer dans le commerce international, à bénéficier de l'aide au développement ou à gagner des alliés pour assurer sa sécurité. Ainsi, l'enthousiasme *démocratique* des responsables politiques de l'Europe centrale et orientale était aussi dicté par leur volonté de projeter une bonne image d'eux-mêmes et de leurs États et d'intégrer rapidement les organisations occidentales prospères comme l'UE (Union européenne). La recherche d'une respectabilité pour obtenir des ressources économiques peut même impliquer des sacrifices sécuritaires. La renonciation de l'Ukraine, du Kazakhstan ou de l'Afrique du Sud à l'arme nucléaire est difficilement compréhensible si l'on ignore les normes qui constituent aujourd'hui un État moderne *civil*, digne d'être soutenu et reçu par une organisation occidentale[10]. Enfin, de manière assez exceptionnelle, la mauvaise image d'un État peut être instrumentalisée par l'État stigmatisé si celui-ci possède une forte capacité de nuisance. Daniel Bourmaud montre dans son analyse de la politique nucléaire de la Corée du Nord que celle-ci déploie une stratégie souvent incomprise pour tirer profit de l'ostracisme[11]. La croyance que les dirigeants de la Corée du Nord sont capables du pire incite sans doute à lui accorder une aide économique, alimentaire et technique en échange d'une adhésion au régime de non-prolifération nucléaire. Les accords-cadres de 1994 et 2007 entre la Corée du Nord et les grandes puissances en sont une illustration.

Motivations émotionnelles. La quête de la reconnaissance comme fin en soi est explicitement présente dans les écrits de Philippe Braud. Celui-ci insiste sur les *psycho-logiques* avant tout émotionnelles qui sont au fondement de cette quête. Le manque de reconnaissance a donc une signification propre, celle de porter atteinte à l'estime ou à l'image de soi[12].

Par ailleurs, le caractère extrême de certaines violences physiques peut difficilement s'expliquer par l'obtention de gains purement matériels. Philippe Braud suggère plutôt à ce propos le rôle de la mobilisation d'émotions puissantes telles que la crainte pour la survie ou la culture de la haine[13]. Ces violences visent souvent à inférioriser ceux qui sont jugés responsables d'une humiliation. « *À la violence physique est souvent associée une humiliation, celle d'avoir perdu la face pour qui s'est révélé inférieur dans l'affrontement* »[14]. Des violences insupportables comme le découpage des bébés à la machette au Rwanda visent ainsi autant la destruction morale que la destruction physique.

Une autre motivation émotionnelle dans la quête de la reconnaissance est l'angoisse existentielle qui naît de la fragilisation des identités. En se référant à Appadurai, M. Wieviorka défend l'idée selon laquelle la perte des frontières – par la transformation et l'affaiblissement des États, les flux migratoires, la fragmentation culturelle et de nouvelles formes d'inégalités sociales – conduirait dans certains cas à l'incertitude identitaire. Pierre Hassner constate aussi que l'homogénéisation culturelle engendre de manière dialectique le « *narcissisme des petites différences* », déjà relevé par Freud[15]. Une autre réponse possible à cette crise de dé-différenciation est l'éclatement de la violence qui rétablit les frontières entre *eux* et *nous* :

> « *La violence [...] se déploie ici lorsqu'il n'y a plus d'identité collective, ou qu'elle est amoindrie, elle est l'expression, terrifiante, du sujet délesté de toute identité, ou en passe de le devenir, en lutte pour sa survie, elle est une logique, parmi d'autres possibles de production de personnes* »[16].

Cette problématique psychologique de la reconnaissance a été peu explorée dans les analyses de la politique internationale. À cet égard, la crainte de personnaliser l'État en lui attribuant des émotions a été sans doute un facteur déterminant[17]. Notons pour le moment que les États sont dirigés par des individus en chair et en os et qu'ils sont de ce fait loin d'être des *monstres froids*. Ces individus s'identifient souvent à l'institution étatique. Après un travail séculaire de construction symbolique en Europe occidentale[18], l'État existe en l'espèce dans les représentations des acteurs comme lieu d'universalité et d'intérêt général[19].

Les responsables gouvernementaux et les hauts fonctionnaires investissent une énergie affective d'autant plus considérable dans l'institution étatique que leur estime de soi est indissociablement liée au prestige de leur institution. Certains responsables confondent même leur grandeur personnelle avec la grandeur de leur nation[20].

Toute entité collective, même *imaginée*, peut faire l'objet d'un culte que l'on qualifiera de sentimental. Pour sa part, la résolution du conflit israélo-palestinien est en partie hypothéquée par la présence d'émotions négatives puissantes caractérisées à la fois par les craintes des acteurs pour leur survie et la volonté d'effacer les humiliations passées[21]. Enfin, la composante émotionnelle est particulièrement forte dans la recherche de la restauration d'une bonne image de soi. Le politiste canadien Paul Saurette défend la thèse suivant laquelle on peut difficilement comprendre les guerres américaines contre l'État taliban (2001) et l'Irak (2003) sans prendre en compte l'humiliation ressentie par les responsables américains après un attentat qui visait les symboles de la puissance américaine[22]. Il plaide à juste titre pour une exploration plus systématique des liens existants entre émotions et conflictualité internationale.

Motivations cognitives et morales. La reconnaissance met aussi en jeu les jugements moraux des acteurs. La dichotomie entre émotions et rationalité est quelque peu artificielle car ce sont souvent des atteintes à *la raison morale* qui déclenchent des émotions puissantes.

La perspective d'une *grammaire morale* des conflits en opposition avec les théories utilitaristes a été explicitée par Axel Honneth. Contrairement aux théories défendues par Jeremy Bentham ou William Stanley Jevons, qui estiment que les individus font un calcul de maximisation du plaisir, Honneth insiste sur la dimension *expressive*. Contrairement à Sorel ou à Sartre, A. Honneth relève la dimension universelle et donc objective de certains comportements de mépris. C'est toutefois par une opération intellectuelle que les acteurs subissant des violences symboliques parviennent à s'indigner face à des injustices. Ainsi, une discrimination ou une atteinte à notre identité peut plus facilement devenir un catalyseur de contestation, lorsqu'elle est perçue comme *typique* par une catégorie sociale.

Luc Boltanski et Laurent Thévenot démontrent de même que ce sont des actions contre des principes universels, et contre la raison pratique, qui sont susceptibles de provoquer un fort sentiment d'injustice. Ils affirment en 1991, dans *De la justification. Les économies de la grandeur*, que les comportements humains ne sont pas seulement guidés par l'intérêt utilitaire et le cynisme, mais par des principes supérieurs communs qui régulent différents segments de la société. Ils estiment que le point de départ des conflits réside moins dans leur dimension matérielle que dans la dénonciation d'un scandale.

Les compétences morales comme source d'un sentiment de mépris, puis comme motivation de l'action ont plus récemment été problématisées dans l'étude des relations internationales[23]. Ainsi, lorsqu'un État agit à l'encontre d'une norme généralement acceptée – comme le respect de la souveraineté ou la concertation multilatérale[24] –, il risque d'être confronté à une résistance forte. L'invasion irakienne du Koweït le 2 août 1990 en constitue l'exemple le plus frappant. Cette annexion fut presque immédiatement condamnée par la résolution 661 du Conseil de sécurité des Nations unies ainsi que par la Ligue arabe. Même la violation d'accords tacites comme les zones d'influence est susceptible de créer des conflits comme le relève à juste titre Friedrich Kratochwil[25].

La puissance réelle des ONG ou d'États à dimension modeste – la Suède ou la Norvège – repose en grande partie sur leur autorité morale comme protecteur de la paix et de l'environnement[26]. En l'occurrence, peu d'acteurs soucieux d'une bonne réputation résistent à ce processus de *naming and shaming*[27].

Effets identitaires des dénis de reconnaissance. Un déni de reconnaissance est susceptible d'influer sur nos identités, dont la transformation peut à son tour devenir une cause de conflits. Les auteurs attentifs aux interactions symboliques comme G. H. Mead, H. Blumer, N. Elias, E. Goffman ou H. Becker insistent à un degré variable sur le sentiment d'exclusion et de marginalité qui préside souvent à l'éclosion de comportements déviants et aux actes violents. Dans son étude sur un groupe d'exclus d'un faubourg de Leicester, Norbert Elias note :

> « ...*et comme la minorité plus rebelle des jeunes gens se sentait rejetée, ceux-ci cherchaient à prendre leur revanche en s'appliquant à se conduire mal. Le fait de savoir qu'en faisant du tapage, en commettant des déprédations ou en se montrant agressifs ils pouvaient indisposer ceux-là mêmes qui les rejetaient et les traitaient en parias était une incitation supplémentaire à se mal conduire. Histoire de se venger de ceux qui les accablaient, ils éprouvaient un malin plaisir à faire les choses qu'on leur reprochait* »[28].

Avec l'exclusion, les barrières morales tombent. A. Pizzorno affirme que « *lorsqu'on est isolé, lorsqu'on l'on a quitté son milieu d'origine, lorsqu'on 'flotte' dans d'autres milieux, alors la probabilité que le coût moral soit bas est plus forte* »[29].

Quant à la politique internationale, la problématique de la construction identitaire d'un État ennemi a été thématisée par Alexander Wendt. Selon lui, l'anarchie est ce que les États en font[30]. Le mécanisme selon lequel les individus et les groupes forment leurs identités en se voyant dans les yeux *d'autrui significatif* ou du groupe social auquel ils appartiennent peut aussi s'appliquer aux États[31]. Le développement des fondamentalismes est ainsi souvent exacerbé par les menaces extérieures et des comportements de stigmatisation[32]. En l'espèce, la radicalisation des nationalismes dans la République de Weimar et en Iran – après sa désignation comme État voyou en 2002 – fut notamment favorisée par l'exclusion et la mise au ban de ces pays par les grandes puissances et les organisations internationales.

Ces perspectives valident donc à un degré variable l'importance de la problématique de la reconnaissance et des intérêts symboliques dans l'explication des comportements sociaux. Le thème de la reconnaissance s'oppose en grande partie à la vision selon laquelle les hommes cherchent *seulement* à maximiser leurs avoirs et postule au contraire que la « *question première pour eux est d'être, autrement dit d'apparaître en accédant à l'existence symbolique – la question du sens* », comme le souligne à juste titre A. Caillé[33]. La quête de la reconnaissance peut par ailleurs se révéler compatible avec les théories du choix rationnel lorsqu'elle est *instrumentale*. Elle peut aussi être rationnelle en valeur, lorsque des individus estiment de façon froide que la défense de certaines valeurs associées à une identité mérite un sacrifice. Toutefois, la quête de la reconnaissance peut aussi correspondre à des dynamiques plus émotionnelles, lorsque des individus, s'estimant offensés, recourent à la violence. Dans ce débat entre tenants des approches du choix rationnel et des choix psycho-logiques, la problématique de la reconnaissance n'a pas de position déterminée et peut aisément reprendre à son compte les deux perspectives.

2. Une reconnaissance pluridimensionnelle

Le déni de reconnaissance – et à l'inverse la reconnaissance – reposent aussi bien sur des actes matériels que sur des pratiques rhétoriques.

Dimensions symboliques. Jürgen Habermas rappelle que la communication ne sert pas seulement à la compréhension, mais aussi à l'établissement des relations sociales et à la confirmation d'une reconnaissance mutuelle. En d'autres termes, à la différence de l'activité instrumentale, l'agir communicationnel permet une véritable relation sujet/sujet où le but des participants n'est pas d'imposer leurs objectifs *via* la manipulation ou la tromperie, mais de rechercher une « *entente sur une situation pratique afin de coordonner de manière concertée leurs projets ou leurs actions* »[34].

Une telle discussion exige le principe d'inclusion, à savoir le même accès et la participation de tous les sujets. En outre, aucune contrainte extérieure ne doit empêcher les individus de jouir pleinement de leurs droits[35]. Plus concrètement, la réalisation d'un tel idéal dans la politique interne exige non seulement le droit de vote pour tous mais aussi la possibilité pour les citoyens et les minorités d'intervenir dans le débat politique.

Le rôle des pratiques rhétoriques dans la genèse des conflits ou au contraire dans leur résolution ne doit pas non plus être sous-évalué. Une communication très perturbée entre États – propagande, mensonges, décisions unilatérales, rupture des contacts diplomatiques, ultimatums et offenses délibérées – favorise largement le sentiment de mépris et les comportements agressifs. On peut à cet égard interpréter le 11 septembre 2001, ainsi que le suggère A. Honneth, comme une forme extrême de lutte pour la reconnaissance[36]. Les perturbations structurelles dans la communication internationale – comme l'exclusion durable de certaines puissances islamiques de l'ordre international – ainsi que les énormes disparités économiques ne sont pas étrangères à cet attentat visant aussi à rendre audible le message de ceux qui estiment se heurter à « *une oreille sourde* »[37].

En revanche, le respect d'une égalité dans l'échange discursif constitue une source d'apaisement. À ce titre, Friedrich Kratochwil cite les efforts continus du président Kennedy lors de la crise de Cuba en 1962. Ce dernier affirme : « *J'ai appris une chose dans ce métier, à savoir ne pas poser d'ultimatums* »[38]. Quant à Thomas Risse, il souligne comme condition essentielle de l'entente entre participants à une négociation internationale la symétrie dans la discussion, à l'instar de Habermas. En l'occurrence, la renonciation des participants à profiter de la faiblesse soviétique était une condition essentielle de cette attitude discursive[39].

Dimensions matérielles. Dans son travail sur l'École de Francfort et la philosophie critique, Axel Honneth a tenté d'extraire un modèle de conflit social qui tienne davantage compte de l'expérience morale des acteurs collectifs. Les conflits ne naissent pas simplement de la violation des procédures de l'entente, au moyen du langage, mais aussi du sentiment d'injustice. Quant aux inégalités économiques, A. Honneth souligne notamment que :

> « *tout conflit est plus ou moins motivé par des convictions morales, parce que certaines revendications légitimes [...] sont injustement rejetées [...] même celles qui visent la redistribution des biens et celles qui semblent être purement instrumentales doivent être comprises comme des conflits normatifs* »[40].

Le conflit social ne prend donc pas simplement la forme d'un conflit stratégique pour l'obtention de gains. Il se présente aussi comme un « *conflit portant sur la légitimité des normes sociales existantes et l'introduction de nouvelles* »[41].

Dans la politique internationale, si toutes les inégalités et discriminations constituent des sources potentielles de violences symboliques, ce sont plus particulièrement les inégalités juridiques et politiques qui sont ressenties comme blessantes, dans la mesure où elles concernent le principe de l'égalité souveraine. Paulo-Serge Lopes dirige, quant à lui, notre attention sur la violence symbolique dans le droit international public. En examinant les actions du Tribunal Pénal International pour l'ex-Yougoslavie, il remarque par exemple que cette institution n'a pas enquêté sur « *les éventuelles atteintes au droit des conflits armés commises par les forces de l'Otan* »[42]. Cette justice à deux vitesses suscite naturellement des réactions vives à l'intérieur d'États – comme l'Iran – moins immunisés contre les poursuites pénales.

S'agissant des inégalités politiques, la puissance militaire écrasante des États-Unis est souvent ressentie comme une humiliation par des États plus faibles. La lutte contre la prolifération nucléaire est ainsi perçue en Iran ou en Corée du Nord comme une politique de mépris et non de paix[43]. L'inégalité d'un rapport de forces associée à l'unilatéralisme peut aussi représenter une source de conflit au niveau d'un système régional[44]. L'édification de murs de séparation entre Israël et la Palestine, l'Inde et le Pakistan ou le Maroc et le territoire sahraoui demeure une autre forme matérialisée de violence symbolique. En effet, le mur fabrique asymétriquement le suspect, l'indésirable. Être privé d'accès à des territoires ou à un espace aérien signifie souvent être aussi privé de l'estime des autres[45]. L'exclusion territoriale et les mesures dites sécuritaires visent ainsi systématiquement les populations et les États *paria*[46].

Notes

1. Pour une définition similaire de la *face*, cf., Erving Goffman, *Les Rites de l'interaction*, trad., Paris, Minuit, 1988, p. 9 ; Peter Katzenstein (Ed.), *The Culture of National Security*, New York, Columbia University Press, 1996 ; Denis Constant-Martin (Éd.), *Cartes d'Identité. Comment dit-on 'nous' en politique ?*, Paris, Presses de Sciences Po, 1994 ; Jean-François Bayart, *L'Illusion Identitaire*, Paris, Fayard, 1996 ; David Laitin, *Identity in Formation*, Ithaca, Cornell University Press, 1998.
2. Philippe Braud, *Violences Politiques*, Paris, Seuil, p. 162.
3. Thorstein Veblen, *La Théorie de la classe de loisir*, [1899], Paris, Gallimard, 1970, p. 27.
4. Marcel Mauss, *Essai Sur le don*, Paris, PUF, 2007, p. 152 *sq*.
5. *Ibid.*, p. 270 *sq*.
6. Pierre Bourdieu, *Raisons pratiques*, Paris, Seuil, 2003, p. 24.
7. *Ibid.*, p. 163.
8. *Ibid.*, p. 177.
9. Pierre Bourdieu, Loïc Wacquant, *Réponses. Pour une anthropologie réflexive*, Paris, Seuil, 1992.
10. À propos du tabou nucléaire, cf., Nina Tannenwald, « The Nuclear Taboo : The United States and the Normative Basis of Nuclear Nonuse », *International Organization*, 53 (3), été 1999, pp. 433-468 ; Bruno Tertrais, « La dissuasion nucléaire en 2030 », rapport pour le FRS, décembre 2006, www.frsstrategie.org, p. 47*sq*.
11. Cf., Daniel Bourmaud, « La Corée du Nord et la violence symbolique », contribution au 9e congrès de science politique à Toulouse, table ronde 6 : les violences symboliques dans les relations internationales, sept. 2007 ; Daniel Bourmaud, « Le complexe obsidional de la Corée du Nord », *Passage au crible*, (27), 3 juil. 2010, www.chaos-international.org
12. Braud, *Violences Politiques*, *op. cit.*, p. 161.
13. Michel Wieviorka, *La Violence*, Paris, Hachette, 2005, p. 277.
14. *Ibid.*
15. Pierre Hassner, *La Violence et la paix. De la bombe atomique au nettoyage ethnique*, Paris, Esprit, 1995.
16. Wieviorka, *La Violence*, *op. cit.*, p. 290.
17. Cf., Neta C. Crawford, « The Passion of World Politics. Propositions on Emotion and Emotional Relationships », *International Security*, 24, 2000, pp. 116-156.
18. Cf., Norbert Elias, *La Dynamique de l'Occident*, [1939], Paris, Calmann-Lévy, 1990.
19. Bourdieu, *Raisons pratiques*, *op. cit.*, p. 131.
20. Cf., l'entretien avec François Nicoullaud in : *L'Histoire*, (304), déc. 2005, p. 24 *sq*.

21. Roger Fisher, William Ury, *Getting to Yes*, 2ᵉ éd., New York, Penguin Books, 1991, p. 30.
22. Paul Saurette, « *You Dissin Me ? Humiliation and Post 9/11 Global Politics* ». Contribution au 9ᵉ Congrès de l'AFSP à Toulouse, sept. 2007.
23. Cf., Martha Finnemore, *The Purpose of Intervention*, Ithaca, Cornell University Press, 2003.
24. Wendt, *Social Theory of International Politics, op. cit*, p. 280 *sq*.
25. Cf., la réaction forte des États-Unis à l'avancée du communisme en Amérique centrale et latine à partir des années soixante. Cf., Friedrich Kratochwil, *Rules, Norms and Decisions*, Cambridge, Cambridge University Press, 1989, p. 82.
26. Cf., Zaki Laïdi, *La Norme sans la force*, Paris, Presses de Sciences Po, 2005, p. 54 *sq*.
27. Thomas Risse-Kappen (Ed.), *The Power of Human Rights, International Norms and Domestic Change*, Cambridge, Cambridge University Press, 1999.
28. Elias, *op. cit.*, p. 52 *sq*.
29. Entretien avec Alexandro Pizzorno, in : Philippe Cabin, Jean-François Dortier (Éds.), *La Sociologie*, Paris, Éditions Sciences Humaines, 2005, p. 142.
30. Alexander Wendt, « Anarchy is What States Make of it », *International Organization*, 46, 1992, pp. 391-425.
31. Cf., George Herbert Mead, *L'Esprit, le soi et la société*, trad., Paris, PUF, 1963.
32. Cf., Herbert Blumer, *Symbolic Interactionism. Pespective and Method*, Los Angeles, University of California Press, 1969, p. 13.
33. Alain Caillé, « De la reconnaissance. Don, identité et estime de soi », *Revue du Mauss*, 1, 2004, pp. 5-30.
34. Jürgen Habermas, *Théorie de l'Agir communicationnel*, [1981], trad., Paris, Fayard, 1987, p. 102.
35. Jürgen Habermas, *Moralbewusstsein und Kommunikatives Handeln*, Francfort a.M, Suhrkamp,1983, p. 99.
36. Cité par Dick Howard, « What's New After September 11 », www.ssrc.org/sep11/essays/howard-text-only.htm.
37. Cf., Dialogues de Jacques Derrida et Jürgen Habermas avec Giovanna Borradori, *Comment penser le terrorisme ?*, Paris, Galilée, 2004.
38. Kratochwil, *Rules, Norms and Decisions, op. cit.*, p. 150.
39. Thomas Risse, « 'Let's Argue!' Communicative Action in International Politics », *International Organization*, 54, 2000, pp. 1-30.
40. Axel Honneth, *The Critic of Power*, Cambridge Massachusetts, MIT Press, 1993, p. 38.
41. *Ibid.*, p. 270.

42. Paulo Lopes, « Le Tribunal Pénal International pour l'ex-Yougoslavie et l'opération Force Alliée », Contribution au 9ᵉ Congrès de l'AFSP à Toulouse, sept. 2007.
43. Cf., Alexandre Hummel, « L'Iran et les ambiguïtés de la non-prolifération, un cas d'instrumentalisation symbolique », Contribution au 9ᵉ congrès de l'AFSP à Toulouse, sept. 2007.
44. Fabrice Argounes constate que les micro-États du Pacifique du Sud jugent la puissance dominante – l'Australie – comme arrogante et la dénoncent même « *comme État étranger, différent, occidental* » in : « L'arrogance australienne au miroir de son voisinage immédiat », Contribution au 9ᵉ congrès de l'AFSP à Toulouse, sept. 2007.
45. Cf., Évelyne Ritaine, « Tous suspects : le mur, symbolique de l'exclusion dans les relations internationales », Contribution au 9ᵉ congrès de l'AFSP à Toulouse, sept. 2007.
46. Cf., sa contribution. « Surveiller et punir les 'territoires voyous'. Les politiques de puissance à l'épreuve dans les relations internationales », Contribution au 9ᵉ congrès de l'AFSP à Toulouse, sept. 2007.

Chapitre II

La lutte pour la reconnaissance internationale

La prise en compte des intérêts symboliques dans le déclenchement des guerres constitue la redécouverte d'une analyse déjà ancienne mais souvent peu rigoureuse[1].

1. *Human needs* et constructivisme

Deux courants ont ouvert de nouvelles perspectives pour l'étude de la reconnaissance dans les relations internationales. Le premier, développé dans les années soixante, s'inspire d'une approche psychologique et proclame l'existence de besoins fondamentaux de reconnaissance pour les hommes et les organisations sociales.

Les précurseurs. Dans son récit sur la guerre du Péloponnèse (431-404 av. J.-C.), Thucydide avait souligné que la crainte et l'honneur étaient la cause de la guerre. Les valeurs des Spartiates et leur estime d'eux-mêmes demeuraient inextricablement liées aux questions de gloire et de prestige. Ils estimaient leur honneur bafoué par les performances athéniennes et plus encore, par le reproche que leur adressaient leurs alliés de livrer Potidée et Megara aux Athéniens. Thucydide montre aussi que des acteurs plus faibles peuvent préférer leur honneur à la survie physique. Ainsi face aux Athéniens affirmant le droit du plus fort les Méliens opposent-ils la force du *juste* :

> « *Alors, pour nous qui sommes encore libres, quelle veulerie, quelle lâcheté à ne pas tout tenter pour éviter la servitude [...]. Nous aussi, nous croyons difficile, n'en doutez pas, de lutter à la fois, à forces inégales, contre votre puissance et contre la fortune ; mais, du côté de la fortune, nous avons*

bon espoir, avec la protection des dieux, de ne vous être pas inférieurs, en défendant des droits sacrés contre l'injustice »[2].

Cette résistance fut chèrement payée car les Athéniens « *mirent à mort tous ceux des Méliens qu'ils capturèrent et qui étaient d'âge militaire ; quant aux enfants et aux femmes ils en firent des esclaves* »[3]. Thomas Hobbes, considéré comme le précurseur du réalisme, avait cité dans son *Léviathan* trois motifs de guerre : le profit, la sécurité et la « *réputation* »[4]. Le philosophe italien G. Vico identifie de la même manière dans ses *Principi di una scienza nuova* publié en 1725, « *l'orgueil féroce* » comme cause majeure de la guerre.

Parmi les précurseurs d'une conception attentive aux aspects symboliques de la guerre, il convient surtout de citer Carl von Clausewitz. Son ouvrage *De la guerre* est souvent interprété comme le modèle de la *guerre maîtrisée*[5]. Selon Raymond Aron ou plus récemment Martin van Creveld, Clausewitz conçoit la guerre seulement comme un moyen politique. Des interprétations plus récentes comme celles d'Emmanuel Terray, Herfried Münkler, Hew Strachan ou Andreas Herberg Rothe nous rappellent l'existence d'un Clausewitz plus sensible à la thèse de la « *guerre-sujet* », ou à la « *guerre existentielle* »[6], principalement animée par les passions et en particulier par la haine : « *Chaque combat est une expression de l'inimitié. Cet instinct se manifeste aussi pendant le déroulement du combat* »[7]. La haine a pour fonction de rétablir l'estime de soi et de consolider le sentiment identitaire d'un *in-group*.

Il insiste par ailleurs sur le fait que la limitation de la violence correspond à une intention hostile mais qu'elle implique la faiblesse du *sentiment hostile*[8]. Il admet même que la force de ce dernier puisse être telle que les considérations politiques sont totalement évacuées de la conduite de la guerre[9]. Dans cette éventualité, celle-ci tend naturellement vers sa forme absolue. Clausewitz rappelle aussi qu'il ne faudrait pas sous-estimer dans le combat « *le désir de riposte et de vengeance* »[10]. Il suggère qu'une guerre – même perdue – est préférable au déshonneur : « *On s'humilie et on humilie la nation aussi lorsque l'on prend par crainte partie pour un gouvernement qui est notre plus grand ennemi et qui nous a mal traité à l'extrême. Je crois et j'affirme hautement, que rien ne doit être plus sacré pour un peuple que la liberté de son existence* »[11]. En somme, l'importance que Clausewitz accorde aux forces morales dans la guerre contredit une interprétation strictement utilitariste de son œuvre. Les guerres à des fins purement stratégiques ou économiques présupposent l'absence de sentiment hostile et la reconnaissance mutuelle implicite des protagonistes comme acteurs autonomes dans le duel, c'est-à-dire leur opposition comme rivaux et non comme ennemis[12].

La motivation symbolique dans le déclenchement des guerres a aussi été mentionnée par des réalistes comme Hans Morgenthau et Raymond Aron sous les termes de *prestige* ou de *gloire*[13]. Toutefois, ces analyses de la guerre faisaient du prestige une variable constante du comportement des responsables politiques sans réellement prendre en compte la variation historique des valeurs qui lui étaient associées. Ainsi, une société dite civilisée comme l'ex-RFA ne valorisait pas les comportements violents face à des provocations mineures, contrairement aux sociétés plus martiales comme la société prussienne.

Human needs. John Burton affirme qu'il existe des objectifs qui ne se prêtent pas aux compromis et qui sont parmi les aspirations humaines les mieux partagées. Il considère que le désir de reconnaissance est un « *besoin humain* » et que sa violation peut entraîner des comportements agressifs[14]. Parmi les besoins de reconnaissance fondamentaux, on pourrait citer le désir des acteurs de présenter une image valorisée de soi sur la scène interne (Richard N. Lebow), mais aussi dans l'arène internationale (R. Burton)[15].

La résolution du conflit israélo-arabe n'est par exemple pas uniquement une question de répartition des terres ou de l'eau entre les communautés. Elle devient seulement possible lorsque les acteurs reconnaissent au préalable leur droit à l'existence et à l'expression de leurs aspirations nationales.

Constructivisme. Erik Ringmar explique son hostilité à une vision étriquée de la rationalité humaine en mettant en avant l'importance de l'obtention de la reconnaissance des autres pour « *les récits constitutifs* » du Moi[16]. Son analyse s'intéresse surtout aux identités en crise, c'est-à-dire aux identités dans leur moment formateur, comme celui de la Suède de Gustave Adolphe II, soucieuse de faire valoir son identité de grande puissance protestante[17]. Erik Ringmar attire notre attention sur le fait que la compréhension des conflits armés exige la connaissance des identités de rôle, c'est-à-dire la mission à laquelle aspirent les États dans la politique internationale.

En revanche, d'autres études constructivistes examinent surtout les aspects intersubjectifs de la reconnaissance, c'est-à-dire les normes et les identités partagées des acteurs[18]. A. Wendt a montré que même l'anarchie dans la politique internationale, chère aux réalistes, suppose un consentement et notamment la reconnaissance de la souveraineté d'autres États. Ceci explique pourquoi l'ex-URSS ne pouvait pas facilement incorporer son glacis est-européen car une telle entreprise l'aurait délégitimée aux yeux de l'opinion progressiste[19]. De la même façon, la violation des attentes réciproques crée facilement un sentiment d'indignation et d'irrespect.

La construction des identités que l'on peut qualifier d'irritables et hostiles tient en grande partie à des dénis de reconnaissance comme la crispation identitaire et idéologique de l'Allemagne de Weimar et de l'Union soviétique, exclues de l'ordre des grandes puissances après la Première Guerre mondiale. Les identités idéalisées constituent à cet égard une prophétie auto-réalisatrice.

La combinaison d'une approche psychologique et constructiviste des besoins fondamentaux est possible si l'on précise davantage quels intérêts de reconnaissance demeurent stables et ceux qui sont socialement construits. En outre, le postulat constructiviste, suivant lequel les identités construisent des intérêts, serait difficilement compréhensible si l'on ne supposait pas implicitement des besoins psychologiques élémentaires, par exemple celui d'avoir une image valorisée de soi-même. Jennifer Mitzen a plus récemment mis en relief le besoin de sécurité ontologique, c'est-à-dire l'aspiration à des relations routinières avec l'*autrui significatif* capable de conférer aux identités et collectivités sociales un sens stable[20].

2. L'État peut-il être offensé ?

La transposition du concept de *reconnaissance* aux relations interétatiques peut paraître problématique. Une telle démarche ne relève-t-elle pas d'une forme de personnalisation abusive de l'État[21] ? Est-il réellement imaginable que des décideurs politiques soient à tel point indignés par l'humiliation infligée par une entité abstraite qu'ils recourent à la force armée ?

Les émotions dans la quête de reconnaissance. Un argument fort contre cette objection est la valeur affective et même identitaire que peut revêtir une entité institutionnelle abstraite – même si elle est hautement fictive – pour les responsables d'une telle institution. Les repères de l'identité collective – « *les références fondatrices* » des groupes, telles que les croyances religieuses ou non – constituent ainsi un espace « *émotionnellement investi* »[22]. L'image de la nation peut être d'une importance telle qu'elle peut même devenir l'objet « *d'une sorte de culte totémique* »[23]. Qu'il s'agisse des suicides *patriotiques* à la suite de la guerre franco-allemande de 1871, de la *honte de Versailles* pour les nationalistes allemands après la Première Guerre mondiale, de l'effondrement du *Word Trade Center* ou du blasphème invoqué à propos des caricatures de Mahomet en 2006, l'indignation générée par l'irrespect des références identitaires est souvent bien réelle. Par ailleurs, l'individualisation grandissante des sociétés occidentales ne les rend pas totalement indifférentes aux atteintes à leurs symboles collectifs, comme l'illustre le patriotisme américain après le 11 septembre.

L'identification d'un responsable politique à *son* État est d'autant plus probable que le prestige associé à l'institution influe fortement sur le sien et donc sur l'estime de soi. Lorsque le président de la République française défend le rang de la France dans le monde, il lutte en même temps pour le respect à sa personne que lui portent les autres chefs d'État. La perte de prestige d'une nation – ce fut le cas de la France après la Seconde Guerre mondiale – entraîne souvent la dépréciation de ses leaders. Ainsi le général de Gaulle eut-il du mal à se faire accepter comme interlocuteur légitime lors des grandes conférences de Yalta et Potsdam en 1945. À cet égard, les études organisationnelles – par exemple celles sur les forces armées – ont depuis longtemps reconnu que ce ne sont pas seulement les éléments d'autonomie et de ressources qui sont l'enjeu des luttes corporatistes, mais aussi le prestige organisationnel.

Démocraties et émotions. Les décideurs politiques des démocraties dites modernes seraient trop fortement insérés dans un processus bureaucratique pour succomber aux dynamiques émotionnelles et se préoccuper des atteintes à l'*intégrité symbolique* de leur État[24]. Dans cette optique, seuls des dictateurs comme Adolf Hitler, Saddam Hussein ou Kim Jong-Il peuvent faire de leurs rancunes et des blessures d'amour-propre un objet de litige, pouvant entraîner une guerre.

Les émotions ne s'expérimentent pas nécessairement individuellement. Elles peuvent être collectives, surtout si l'offense qui en est la cause ne concerne pas la personne du chef de l'État mais un symbole national. Le caractère public et organisé des politiques étrangères des entités différenciées rend les décideurs politiques plus vulnérables au risque de perdre la face devant leurs soutiens politiques et leur opinion publique. À la différence de la politique secrète des cabinets du XIXe siècle, les responsables des entités différenciées sont constamment soumis au regard des médias et de leurs compatriotes. Ainsi, lors de la crise de 1967, les décideurs égyptiens aussi bien qu'israéliens furent entraînés dans une surenchère en raison de leurs opinions internes.

Paul Saurette estime même que les attentats du 11 septembre ont déclenché une telle énergie émotionnelle – le désir de revanche – qu'il devenait difficile pour les décideurs politiques de ne pas entreprendre une quelconque « *action punitive* »[25]. En outre, même dans une démocratie, le leader d'un exécutif comme le président des États-Unis jouit d'une autonomie non négligeable. Il peut ainsi souvent exploiter les divisions internes d'une administration pour obtenir les informations et le soutien nécessaires[26].

Cette autonomie relative du président incite à ne pas écarter d'emblée l'hypothèse qu'il est parfois en mesure de faire politiquement valoir ses *rancunes*. Ainsi, S. Rosen défend la thèse selon laquelle le président Kennedy avait sans aucune discussion préalable pris la décision de se montrer ferme à l'égard de Khrouchtchev après la découverte des missiles sur l'île cubaine en octobre 1962 car il s'estimait personnellement trompé et offensé par le leader soviétique[27].

En somme, aussi bien les dictatures que les régimes démocratiques devraient être sensibles à toute offense envers l'État. La différence essentielle entre les deux catégories réside dans le fait que les régimes dictatoriaux sont plus irrités par des offenses personnalisées alors que les régimes démocratiques restent plus sensibles aux offenses envers les symboles de l'identité collective.

Motivations instrumentales. Les régimes dictatoriaux estiment souvent que la politique se réduit à deux facteurs : la force et la lutte pour le pouvoir, d'autant plus qu'ils s'appuient sur un appareil militaire extrêmement développé. Un dictateur se présentant comme un homme *viril* sur la scène domestique, à l'instar de Saddam Hussein, pourra difficilement se permettre un aveu de faiblesse et de subordination au plan international sans fragiliser sa légitimité politique. Toutefois, la même situation peut se produire pour un chef d'État démocratique, élu sur la promesse de se montrer plus ferme envers les ennemis extérieurs ou les *forces du mal*.

Une deuxième difficulté associée à une politique attentiste face aux provocations contre l'intégrité symbolique tient souvent dans le fait qu'un État qui se perçoit comme humilié et faible risque de perdre son autorité sur la scène internationale[28]. À cet égard, la réputation et la crédibilité résident au cœur même du raisonnement réaliste, quand il s'agit de mesurer la capacité dissuasive d'un État[29].

Ainsi, l'engagement grandissant de la puissance américaine au Vietnam à partir de 1965, comme sa difficulté à se retirer de l'Irak après 2004, s'expliquent en grande partie par la crainte de perdre la face et son *leadership*. Pour leur part, les théoriciens du choix rationnel ont partiellement intégré la problématique identitaire lorsqu'ils se réfèrent à l'identité de rôle de l'acteur dans la définition de ses préférences ou à l'importance d'une bonne image de soi[30].

Toutefois, ce même intérêt, que l'on peut qualifier d'interne et de stratégique, peut aussi jouer en faveur d'une politique de modération lorsqu'un État n'est pas directement offensé. Les responsables d'une entité politique discréditée et perçue comme agressive auront plus de difficultés à obtenir des ressources matérielles telles que la sécurité ou même à préserver leurs ressources économiques ; le risque de *boycott* est élevé pour un État perçu comme *voyou*. En l'espèce, les décideurs de l'État libyen semblent avoir bien compris les coûts matériels de leur marginalisation. Leur politique de considération envers les victimes des attentats de Lockerbie ou la libération des infirmières bulgares en juillet 2007 ne relèvent donc certainement pas d'une quelconque compassion envers les victimes, mais bien plutôt de leur intérêt *froid* à une réhabilitation dans le concert international.

Notes

1. Cf., Dario Battistella, *Théories des relations internationales*, Paris, Presses de Sciences Po, 2003.
2. Thucydide, *La Guerre du Péloponnèse*, Paris, Folio, 2000, livre 5, pp. 4-116.
3. *Ibid.*
4. Cf., Dario Battistella, *Retour de l'état de guerre*, Paris, Armand Colin, 2006, p. 112.
5. Cf., Carl von Clausewitz, *De la Guerre*, trad., Paris, Éditions de Minuit, 1955 ; Raymond Aron, *Penser la guerre*, Paris, Gallimard, 1976.
6. Herfried Munkler, *Über den Krieg. Stationen der Kriegsgeschichte im Spiegel ihrer theoretischen Reflexion*, Weilerswist, Velbrück Wissenschaft, 2002 ; Emmanuel Terray, *Clausewitz*, Paris, Fayard, 1999 ; Andreas Herberg Rothe, *Clausewitz's Puzzle. The Political Theory of War*, Cambridge, Cambridge University Press, 2007.
7. Carl von Clausewitz, *Théorie du combat*, trad., Paris, Economica, 1998, p. 29.
8. Cf., *Ibid.*, p. 25. 1) L'anéantissement des forces ennemies, 2) La possession d'un objet quelconque, 3) La simple victoire pour l'honneur des armes, 4) Plusieurs ou les trois objectifs ensemble.
9. Von Clausewitz, *De la Guerre, op. cit.*, livre 8, chap. 6.
10. *Ibid.*, livre 8, chap. 7.
11. clausewitz-gesellschaft.de/uploads/media/Vortragstext_Einsel.pdf.
12. Rothe, *op. cit.*, p. 106.
13. Cf., Raymond Aron, *Paix et Guerre entre les Nations, op. cit.*, pp. 81-103 ; Jean-Jacques Roche, *Relations internationales*, Paris, LGDJ, 2005, p. 110 sq.
14. John Burton, *Conflict Resolution. It's Language and Processes*, Londres, Scarcecrow Press, 1996, p. 5 ; John Burton, *Conflict. Human Needs Theory*, New York, St. Martin's Press, 1990.
15. Cf., Richard Ned Lebow, *Between Peace and War*, Baltimore, John Hopkins University Press, 1981.
16. Erik Ringmar, *Identity Interest, Action. A cultural explanation of Sweden's intervention in the Thirty Year's War*, Cambridge, Cambridge University Press, 1996, p. 179 *sq*.
17. *Ibid.*
18. Friedrich Kratochwil, *Rules, Norms and Decisions*, Cambridge, Cambridge University Press, 1989 ; Peter Katzenstein (Ed.), *The Culture of National Security*, Ithaca, Cornell University Press, 1996 ; Richard Price, *The Chemical Weapons Taboo*, Ithaca, Cornell University Press, 1997 ; Emanuel Adler et Michel Barnett (Eds.), *Security Communities*, Cambridge, Cambridge University Press, 1998 ; Nina Tannenwald, « The Nuclear Taboo : The

United States and the Normative Basis of Nuclear Nonuse », *International Organization*, 53, été 1999, pp. 433-468 ; Janice Bially Mattern, *Ordering International Politics. Identity, Crisis and Representational Force*, New York, Londres, Routledge, 2004 ; Nina Tannenwald, « Stigmatizing the Bomb. Origins of the Nuclear Taboo », *International Security*, 29, print. 2005.

19. Alexander Wendt, Daniel V. Friedheim, « Hierarchy under Anarchy. Informal Empire and the East German State », *International Organization*, 49 (4), aut. 1995, pp. 689-721.

20. Jenifer Mitzen, « Ontological Security in World Politics. State Identity and the Security Dilemma », *European Journal of International Relations*, 12 (3), 2006, pp. 341-370.

21. Je dois cette objection à Volker Heins et à A Honneth lors d'une discussion à l'Institut für Sozialforschung à Francfort a.M. le 9 juillet 2007.

22. Philippe. Braud, « Les violences symboliques dans les relations internationales », congrès de l'AFSP (Association Française de Science Politique), Toulouse, sept. 2007, *op. cit.*

23. Kenneth Boulding, *The Image. Knowledge in Life and Society*, Michigan, The University of Michigan Press, 1965, p. 110 *sq.*

24. Cf., Stephen P. Rosen, *War and Human Nature*, Princeton, Princeton University Press, 2005.

25. Cf., Paul Saurette, « You dissin me ?' Humiliation and Post-Global 9/11 Politic », *Review of International Studies*, 32, 2006, pp. 495-522.

26. À propos de la France : Samy Cohen, *La Monarchie nucléaire*, Paris, Hachette, 1986. Cf., du même auteur, *La Défaite des généraux*, Paris, Fayard, 1994.

27. Cf., Rosen, *op. cit.*

28. Cf., Jonathan Mercer, *Reputation and International Politics*, Ithaca, Londres, Cornell University Press, 1996.

29. Cf., Thomas Schelling, *Strategy of Conflict*, Washington, DC., Harvard University Press, 1960.

30. Cf., Raymond Boudon, *La Logique du social*, Paris, Hachette, 1979 ; Allan Drazen, *Political Economy in Macroeconomics*, Princeton, Princeton University Press, 2001.

Chapitre III

La guerre pour la reconnaissance

Deux perspectives théoriques inspirent notre analyse sur le déclenchement des conflits armés. La première insiste la construction sociale des dénis de reconnaissance, qui reposent tout d'abord sur les identités de rôle que s'attribuent les unités politiques. D'autre part, les dénis de reconnaissance sont toujours relationnels. Ils dépendent de la compatibilité des systèmes de valeur et de l'existence ou non d'identités et de normes partagées. Dans une deuxième optique, nous postulons qu'il existe au-delà des identités construites des besoins relativement stables de la satisfaction desquels dépend la survie même de l'organisation sociale.

1. Pour un constructivisme *matérialiste*

Dans la discipline des Relations internationales, ce sont surtout les constructivistes qui ont problématisé l'enjeu de la reconnaissance. Ainsi, mettent-ils l'accent sur les « *comportements appropriés* » à une certaine identité[1]. Ceci signifie qu'il importe par exemple de savoir si les dirigeants d'un État se perçoivent comme représentants d'une puissance militaire classique ou comme ceux d'une puissance civile et humanitaire afin de comprendre leurs intérêts ou leurs hésitations à envoyer leurs soldats au combat – comme lors du débat sur la participation de l'armée fédérale allemande dans le conflit en ex-Yougoslavie entre 1992 et 1995.

Des identités variables. Le noyau central du paradigme constructiviste réside dans son opposition aux théories fixistes du choix rationnel. Contrairement à l'idée courante suivant laquelle tous les acteurs auraient intérêt à maximiser leur gains économiques ou politiques, les constructivistes mettent en avant le fait que le choix entre la force militaire (la Corée du Nord), le bien-être économique (la Suisse) ou la défense des droits humanitaires (la Suède, le Canada) est variable et dépend notamment du référentiel identitaire. En réalité, pour les constructivistes, la variabilité des intérêts correspond à des identités et des normes qui évoluent plus ou moins rapidement[2]. Les identités sont, dans cette perspective, en négociation sans être pour autant totalement malléables.

Des changements d'identité sont susceptibles de se produire dans des conjonctures de crise – comme le 11 septembre 2001 – ou à la suite de changements normatifs au sein du système international – la fin du système bipolaire – ou, au contraire, par des évolutions internes – par exemple le passage de l'Union soviétique à la Russie. En outre, il convient de ne pas escamoter les dynamiques de pouvoir et les élites qui sont souvent à l'origine de ces mutations identitaires. Cet aspect a été problématisé par les approches *critiques* de la politique de sécurité. Ces dernières, reprises en France dans les travaux de D. Bigo[3], estiment que l'acte de parole de « *securization* », donc le fait de constituer un problème comme relevant de la sécurité nationale correspond en fait aux intérêts d'une élite.

Toutefois, ces acteurs agissent moins en fonction de leurs intérêts réels que de leurs intérêts perçus qui dépendent à leur tour de leurs identités. Ainsi, les élites politiques des grandes puissances européennes du début du XXe siècle croyaient toutes qu'il était dans leur intérêt – du point de vue de la *grandeur militaire* – de posséder des colonies, alors que celles du milieu du XIXe se sont rendu compte qu'elles n'étaient pas seulement économiquement coûteuses, mais aussi peu compatibles avec leurs aspirations démocratiques[4].

Cette prémisse de la motivation identitaire et morale dans les interactions sociales est sous-jacente dans la plupart des travaux constructivistes[5]. En l'occurrence, Friedrich Kratochwil estime que la rationalité implique aussi la compatibilité des comportements avec des normes et des sentiments moraux[6].

Toutefois, à la différence des travaux que nous avons cités en sociologie et en philosophie, les auteurs d'inspiration constructiviste se sont très peu préoccupés de savoir pourquoi la confirmation d'une identité importe aux acteurs. Certains soulignent les dynamiques émotionnelles identifiées dans les travaux d'Axel Honneth et de Philippe Braud. Janice Bially Mattern soutient ainsi notamment la puissance psychologique des dommages identitaires : « *des menaces à l'intégrité psychique sont certainement aussi réelles que les menaces à l'intégrité du corps* »[7].

Les besoins de reconnaissance. La stabilité de certaines exigences de reconnaissance est fondée sur des besoins psychologiques élémentaires, identifiés par Axel Honneth, tels que le respect – un statut social –, l'estime sociale de soi – le besoin de posséder une identité distincte et valorisée – et la confiance en soi. En l'espèce, l'estime de soi procure des bénéfices affectifs alors qu'une image négative peut paralyser l'individu en l'accablant de « *honte sociale* »[8]. Des philosophes (Axel Honneth), des psychologues (Abraham Maslow, H. Tajfel, J.C. Turner) ou encore des spécialistes des conflits internationaux (Pierre Allan, John W. Burton, Jennifer Mitzen) affirment quant à eux que de tels besoins sont quasiment des motivations universelles dans les comportements humains[9].

À cet égard, la remise en question de l'estime sociale de soi – qui repose sur la continuité d'une identité particulière[10] –, pose à la fois des problèmes affectifs et cognitifs. Tout d'abord, la reconnaissance d'une identité originale reste la condition pour cultiver une authentique estime de soi[11]. L'identité sociale positive est fondée, pour une large part, sur les comparaisons favorables qui peuvent être faites entre le groupe d'appartenance et d'autres groupes pertinents. Ensuite, une identité *distincte* procure aux individus une sécurité ontologique, c'est-à-dire un ensemble de relations stabilisées et routinières avec l'*autrui significatif*[12]. Elle trace la frontière entre *eux* et *nous* et permet de mieux nous orienter dans le monde et de l'interpréter[13]. Elle donne aussi un sens à l'existence en fournissant un récit qui lie le présent, le passé et le futur du *moi*. *A contrario*, l'ébranlement des repères identitaires suscite des craintes importantes. En effet, le flottement identitaire expose l'individu à l'incertitude et le confronte directement à sa finitude.

Enfin, la vision essentialiste de la reconnaissance affective repose en partie sur des découvertes empiriques comme celle de Donald W. Winnicott qui démontre que même les nouveaux nés ont besoin d'affection s'ils veulent plus tard développer une confiance en eux-mêmes et échapper aux perturbations psychiques, tels que les troubles de la personnalité *borderline* ou narcissique[14].

> « *le sourire et l'empathie constituent les gestes prélinguistiques au moyen desquels les nourrissons apprennent à apparaître socialement en signalant pour la première fois leur promptitude à interagir avec ces sourires réactifs* »[15].

Mais si de tels besoins caractérisent les individus, peuvent-ils pour autant caractériser des organisations sociales comme l'État ? Alexander Wendt remarque à ce propos : « *Des acteurs qui ne sont pas reconnus, comme l'esclave ou l'ennemi dans l'état de nature, ne bénéficient pas d'une telle protection sociale et peuvent être tués et violés comme on le désire* »[16]. Lorsque l'identité sociale d'un État est insatisfaisante, ses citoyens peuvent même être tentés de le quitter pour rejoindre ou fonder une entité politique plus valorisée. Les décideurs politiques doivent donc promouvoir une compréhension relativement stable de leur identité de rôle et de l'histoire de leur nation pour agir dans un environnement international extrêmement complexe[17].

Une identité distincte *via* l'attachement à des références historiques ou culturelles demeure aussi un impératif sécuritaire. Un État dont la spécificité n'est pas reconnue court le danger de disparaître comme l'Autriche en 1938, la RDA en 1990 ou l'ex-Yougoslavie en 1991. Enfin, pour la survie des États, il existe un besoin *d'empathie minimale*, celui d'être pris en compte par les autres. Un État envers qui les autres se montrent totalement indifférents ne pourra pas défendre ses intérêts de survie les plus vitaux, comme la Tchécoslovaquie en 1938.

Ces besoins fondamentaux de reconnaissance expliquent aussi la nécessité méthodologique d'un *matérialisme rudimentaire*, comme le propose Alexander Wendt. Cette perspective se retrouve néanmoins dans certaines études plus normatives[18]. En l'occurrence, une reconnaissance véritable implique également une répartition juste des ressources économiques. En d'autres termes, les dénis de reconnaissance ne sont pas entièrement le produit d'une construction sociale dont l'existence dépendrait seulement de la perception des acteurs offensés. Il existe bien des situations matérielles qui s'opposent aux besoins élémentaires de reconnaissance, comme les discriminations politiques, économiques ou culturelles.

Afin de comprendre les dénis de reconnaissance, il convient par conséquent d'étudier les identités concrètes des acteurs. Ce sont le plus souvent les identités sociales qui confèrent à un comportement sa signification d'acte de mépris ou au contraire d'acte de respect. Janice Bially Mattern relève à juste titre que des violences symboliques intentionnelles présupposent une bonne connaissance des vulnérabilités identitaires d'autrui, telle la sensibilité israélienne au syndrome de l'Holocauste[19].

Loin de naturaliser les identités, la vision constructiviste les considère comme des prophéties auto-réalisatrices. Selon Alexander Wendt, les identités négatives sont ainsi en grande partie le résultat d'un processus de stigmatisation au terme duquel autrui transforme sa différence en qualité aristocratique[20]. En somme, les approches en termes de *human needs* et de constructivisme sont loin d'être incompatibles. La première éclaire les intérêts vitaux de reconnaissance, quand la seconde permet de comprendre la grande variété des exigences identitaires, au-delà de la survie.

2. Guerre et dénis de reconnaissance

Le déficit de reconnaissance ou la violence symbolique définie par des atteintes – objectives ou perçues – à l'estime et à l'image de soi, peuvent avoir des effets matériels très tangibles, notamment en légitimant et en alimentant des violences physiques telles que les guerres.

La guerre pour l'affirmation identitaire. La perspective constructiviste s'apparente à la thèse de la guerre pour la reconnaissance ou pour l'affirmation identitaire[21]. Un premier argument en faveur d'un lien entre dénis de reconnaissance et guerres est le fait que les dynamiques émotionnelles qui se déclenchent à la suite de dépréciations identitaires sont bien susceptibles de se muer en agressivité.

Un deuxième argument montrant l'existence d'un lien entre guerres et finalités identitaires reste la nécessité pour les décideurs de justifier moralement l'entrée en guerre. Or, cette justification est d'autant plus aisée qu'autrui met en question l'image positive d'une collectivité. Il était ainsi nettement plus facile pour les États-Unis de mener une guerre pour le pétrole contre un Irak défiant régulièrement l'autorité américaine que contre l'Arabie Saoudite.

La volonté des vainqueurs de tirer des bénéfices symboliques d'une guerre se révèle à travers des traités de paix comme celui de Versailles ou bien le jugement de criminels de guerre comme Slobodan Milosevic. Les médias internationaux ont pour leur part largement diffusé l'image d'un Saddam Hussein délibérément humilié par les responsables américains en 2003 lors de son arrestation, en le montrant barbu, sale et la bouche ouverte.

Plus positivement, la résistance ou la lutte armée contre la domination unilatérale peut constituer un moyen pour les acteurs opprimés de se (re)construire une identité et de faire l'expérience de leur liberté et égalité avec autrui. De telles expériences morales positives ont déjà été soulignées par des auteurs aussi différents que R. Luxemburg ou H. Arendt[22].

Notre propos ne consiste cependant pas à affirmer que tout déni de reconnaissance d'un État ou d'une population est susceptible de se muer en guerre. D'autres facteurs doivent le plus souvent intervenir pour qu'un groupe humilié soit disposé à défendre sa réputation par les armes : l'identification des offenses par l'acteur offensé, un rapport de forces permettant à la victime de violences symboliques de résister efficacement aux offenses subies ou encore l'impossibilité d'obtenir satisfaction par des moyens pacifiques[23].

À l'opposé d'une relation causale déterministe, nous affirmons donc l'existence d'une relation causale probabiliste entre déni de reconnaissance et conflits armés. Cette hypothèse serait uniquement réfutée si les États stigmatisés – par exemple les exclus des organisations internationales comme l'Allemagne de Weimar ou la Russie de Lénine – et mégalomanes – par exemple l'Allemagne nazie, l'Irak de Saddam Hussein ou la Serbie de Milosevic – n'étaient pas proportionnellement plus engagés dans des guerres que les États intégrés, comme les États membres de l'Otan ou affichant des identités plus modestes, comme la République Fédérale d'Allemagne.

Les dénis de reconnaissance augmentent donc le risque de guerre sans pour autant rendre cette dernière inévitable. Le nom même d'un des projets de recherche le plus connu sur les origines de la guerre *Correlates of War Project* (Projet visant à établir des corrélations de la guerre) est par ailleurs révélateur du caractère nécessairement limité des prétentions explicatives du phénomène guerrier[24].

Dans certaines situations où les acteurs se disputent avant tout des biens matériels, comme des diamants ou du pétrole, et où ils craignent pour leur survie physique, le désir de conserver ou de défendre une image positive va même plutôt jouer un rôle mineur. Ainsi, la motivation de défendre la *réputation*[25] de la puissance américaine était certainement plus forte dans la guerre contre l'État taliban protégeant l'un des auteurs présumés des attentats du 11 septembre que lors de la guerre contre l'Irak. Dans cette dernière, une partie au moins de l'administration Bush – celle liée au lobby pétrolier – a obtenu des gains matériels importants.

Schématiquement, on peut identifier trois situations où le désir de reconnaissance a une incidence sur le déclenchement des conflits armés. Dans une première éventualité, le désir de reconnaissance est subordonné à la quête de gains politiques ou économiques. Ainsi, de nombreuses guerres comme celles menées en ex-Yougoslavie (1991-1995) ou au Rwanda (1994) semblent dues à la volonté des anciennes élites – menacées par un processus de démocratisation – de se maintenir au pouvoir *via* le détournement des tensions internes. Toutefois, les entrepreneurs politiques doivent se soucier de rendre leur politique agressive compatible avec les matrices morales de leur public. Toute guerre prédatrice doit en l'occurrence être légitimée et justifiable si les décideurs veulent conserver une bonne image auprès de leur opinion. Cet impératif limite donc la gamme des options belliqueuses pour le profit.

Dans une deuxième éventualité, le désir de reconnaissance demeure un simple co-facteur dans la décision d'un recours à la force armée. Une telle situation se présente lorsqu'il existe des groupes différents au sein d'une administration – les uns ayant pour ambition des gains matériels alors que les autres sont à la recherche du prestige. Ainsi, il est probable que face au lobby pétrolier recherchant des bénéfices matériels, le groupe des néo-conservateurs était avant tout soucieux d'écarter le régime de Saddam Hussein pour réaliser la *mission démocratique* de la puissance américaine.

Enfin, il existe des cas où le désir de reconnaissance constitue très certainement le motif primordial d'une confrontation armée, notamment lorsque deux phénomènes se conjuguent d'une manière particulièrement explosive : d'une part une image idéalisée des décideurs politiques de leur propre personne ou de leur collectivité, et d'autre part un déni de reconnaissance de la part d'un État qui pourrait être vaincu.

Les hypothèses. Nos deux premières hypothèses relèvent d'une problématique purement constructiviste, en insistant sur la constitution des intérêts sécuritaires par les identités des unités politiques. La première hypothèse s'intéresse ainsi à l'impact de l'identité de rôle sur les conflits armés[26], c'est-à-dire à la manière dont un État conçoit ses relations avec ses homologues. Contrairement à Alexander Wendt, nous estimons à cet égard que ces identités peuvent exister indépendamment de leur confirmation par les autres entités politiques[27]. La deuxième hypothèse postule, quant à elle, que l'absence d'identité collective favorise les dénis de reconnaissance et le recours à la force armée.

Ces hypothèses sont d'inspiration constructiviste, tout d'abord parce qu'elles considèrent qu'il s'agit d'idées partagées qui confèrent à un très grand nombre de comportements la signification d'un déni de reconnaissance. Ainsi, la satellisation des pays de l'Europe de l'Est par l'Union soviétique après la Deuxième Guerre mondiale ne constitua pas en soi un mépris de la puissance américaine. C'est uniquement parce que les décideurs américains percevaient leur nation comme phare des libertés mondiales et qu'ils ne partageaient aucune identité commune avec l'Union soviétique qu'ils pouvaient interpréter le comportement soviétique comme une insulte à leur nation. Ensuite, ces hypothèses sont constructivistes dans la mesure où elles considèrent que les identités sont au fondement des intérêts[28]. Enfin, elles estiment que les identités idéalisées et négatives ne sont pas naturelles ou inscrites dans l'histoire culturelle.

En revanche, nos hypothèses trois et quatre partent de la prémisse qu'il existe des besoins fondamentaux de reconnaissance dans des organisations sociales comme l'État. Des dénis de reconnaissance du *statut universel* et du statut particulier peuvent difficilement être ignorés si l'on suppose que les unités politiques aspirent à survivre.

La guerre pour le prestige. Les identités idéalisées constituent une cause possible de guerre. De telles identités désignent l'aspiration à la reconnaissance d'une supériorité sur d'autres acteurs de la scène internationale. Selon les termes de

Francis Fukuyama qui s'appuie sur Platon, il s'agit de la *megalothymia*, c'est-à-dire le désir d'être reconnu comme *supérieur* aux autres, opposé à l'*isothymia*, le désir d'être reconnu comme *l'égal* des autres[29].

Les liens entre identités idéalisées et déclenchement des guerres sont multiples. Les acteurs qui revendiquent pour eux ou leur collectivité une identité de rôle supérieure, sont particulièrement vulnérables aux blessures narcissiques. Cette thèse se trouve par ailleurs confortée par des recherches psychologiques plus récentes, menées notamment, par Roy F. Baumeister. Ce dernier révèle que des personnalités violentes se caractérisent non pas par une identité fragile, voire un complexe d'infériorité, mais au contraire par une image grandiose de soi et souvent même par des traits narcissiques. L'auteur constate conformément à la logique de la quête de reconnaissance que les acteurs mégalomanes ne sont pas agressifs en soi. Ils le deviennent seulement si l'image grandiose qu'ils ont d'eux-mêmes est remise en question.

Ce lien entre sensibilités narcissiques et mégalomanes, d'une part, et agressivité, d'autre part, est aussi mis en avant par B. Steinberg[30]. Le fait de percevoir l'action d'autrui comme une insulte dépend en effet de l'image que nous avons de nous-mêmes. Pour paraphraser Alexander Wendt, « *Je ne peux pas savoir qui m'insulte, si je ne sais pas qui je suis* »[31].

Les dirigeants animés par la *megalothymia* sont plus enclins à prendre des risques, même au prix de leur sécurité et de celle de leur nation. Déjà Hegel relevait que la quête de la reconnaissance unilatérale impliquait le risque de *chosifier* autrui. C'est uniquement lorsque l'Autre est totalement dominé par nous que nous pouvons lui imposer l'image que nous désirons avoir de nous-mêmes. Hegel souligne sur ce point le rôle déterminant de la « *Todesverachtung* » (le mépris de la mort) dans l'affirmation de la supériorité du maître sur l'esclave prisonnier de son attachement à la vie biologique[32]. Les responsables d'un État s'estimant *supérieurs* préfèrent une victoire absolue, plus coûteuse mais plus prestigieuse, à des victoires relatives. Hans Morgenthau, dans *Politics among Nations* admet pour sa part l'existence du *risk-taking* chez des puissances révisionnistes comme l'Allemagne nazie[33]. Les tentatives de conquête de la Russie par Napoléon, puis par l'Allemagne national-socialiste constituent des exemples typiques d'un tel goût du risque insensé, au profit de la recherche de la gloire.

Enfin, dans une situation où plusieurs États revendiquent une supériorité sur un autre, émerge un dilemme d'identité – l'affirmation identitaire de l'un implique la non-reconnaissance d'autrui. Un conflit armé s'ensuit lorsque l'État confronté aux prétentions identitaires d'autrui ne se contente pas d'une identité d'*esclave*. Cette dernière éventualité est le plus souvent provisoire et repose sur un rapport de force inégalitaire, comme l'attestent les relations entre l'Empire romain et ses territoires vassaux, les puissances occidentales et les pays colonisés ou celles entre l'Union soviétique et les pays de l'Est. La fragilité des dominations impériales tient aussi au fait que des populations soumises et humiliées restent fidèles, tant que le rapport de forces leur est défavorable[34].

L'étalage d'une supériorité est donc doublement susceptible de provoquer un manque de reconnaissance, aussi bien chez celui qui revendique cette supériorité – dont les prétentions risquent d'être déçues – que chez ses interlocuteurs qui risquent d'en être offensés. S. Guzzini affirme ainsi que la domination américaine se fonde avant tout sur la *croyance* dans sa supériorité, toute forme de pouvoir effectif exigeant un accord intersubjectif sur sa réalité[35]. Comment donc distinguer analytiquement la quête de la puissance, mise en avant par les réalistes, de la quête de prestige ? Cette distinction devient possible dans les cas où un État revendique sa supériorité tout en étant objectivement moins puissant. Ainsi, l'Union soviétique s'engagea dans la coûteuse guerre contre l'Afghanistan en 1979 afin *aussi* de conserver son prestige, ce qui contribua à précipiter son effondrement.

La guerre facilitée par l'absence d'identités partagées. Selon une deuxième thèse, la propension à l'agression armée entre États est plus élevée lorsqu'il n'existe ni identité commune ni normes partagées et, en particulier, lorsqu'ils estiment que la différence de l'autre – qu'elle soit politique ou religieuse – représente une menace identitaire. La violence suppose en effet le plus souvent une anomie, c'est-à-dire une absence d'identités et de normes partagées[36].

Une identité collective exige aussi selon E. Adler et M. Barnett une identification à autrui[37]. Une communauté de sécurité implique ainsi une participation émotionnelle minimale aux détresses et aux besoins d'autrui[38]. En l'espèce, la solidarité américaine avec l'ex-RFA à l'époque de la Guerre froide ne relevait pas seulement d'un intérêt stratégique, mais aussi d'un sentiment de responsabilité envers un allié qui partageait les mêmes valeurs.

En revanche, l'absence d'identité collective est associée à l'indifférence, au sentiment qu'*eux* et *nous* représentent des communautés nettement distinctes, sans le moindre lien entre elles. Plus banalement, ce sont aussi les progrès technologiques dans la conduite de la guerre – par exemple les bombardements aériens à grande distance – qui favorisent l'insensibilité à l'égard des souffrances d'autrui : « *On appuie sur le bouton, et on peut faire autant de victimes que le barbare* »[39].

Il convient de retenir l'adage hitchcockien selon lequel « *tuer est horriblement difficile* » et que cet acte présuppose le plus souvent une déshumanisation de l'adversaire : « *la violence, même théoriquement instrumentale, est toujours pour une part au moins de l'ordre de la rupture et de la transgression…* »[40]. En effet, comme le souligne P. Braud, pour « *justifier le recours à des méthodes qui provoqueront inévitablement des souffrances, il faut limiter, au moins temporairement, l'effet paralysant de la pitié* »[41].

Les coûts moraux d'un engagement belliqueux sont peu élevés lorsque l'Autre est perçu comme radicalement différent et l'absence d'identification favorise l'éclosion de la violence dans les relations internationales. Les puissances colonisatrices européennes n'avaient aucun scrupule à livrer des guerres d'extermination face à certains peuples africains, qu'il s'agisse des populations du Congo ou des Hottentots. Pourtant, malgré l'élargissement de la définition occidentale de ce qui constitue l'Humanité, aujourd'hui encore, la mort de 3 000 personnes lors des attentats du 11 septembre suscite plus d'émotion en Europe que la mort de 700 000 Rwandais en 1994.

En revanche, l'existence d'identités collectives et de normes partagées augmente considérablement les coûts symboliques de l'agression. Plus la densité normative dans un domaine est forte et « *plus les coûts de sortie risquent d'être élevés pour ceux qui ne joueraient pas le jeu* »[42]. Pour Janice Bially Mattern, les identités collectives sont susceptibles de pacifier les crises internationales *via* des violences discursives mettant autrui devant le choix soit d'accepter un récit dominant qui conforte la communauté de sécurité soit de mettre en cause une partie de son identité. Elle affirme par ailleurs que le non recours à la force armée entre le Royaume-Uni et les États-Unis à l'occasion de la crise de Suez tiendrait en grande partie à la capacité des acteurs d'exercer une sorte de chantage identitaire. Les décideurs britanniques prétendaient que le caractère secret de ces opérations relevait de leur souci de préserver l'image du président Eisenhower désireux de se présenter comme candidat de la paix, juste avant l'élection présidentielle. En l'occurrence, leur comportement collusif était non seulement compatible avec la *relation spéciale* que le Royaume-Uni entretient avec les États-Unis mais même indispensable aux Britanniques. Les décideurs américains étaient, selon l'auteur, quasiment forcés de faire taire leur accusation d'une collusion belliqueuse, s'ils ne voulaient pas remettre en question cette identité partagée et en même temps leur identité propre en tant que leader du monde libre.

L'auteur démontre qu'inversement les Américains insistaient sur le fait que les sanctions permettraient au gouvernement britannique de *sauver la face*. Le chantage identitaire consistait en fait à affirmer qu'en l'absence de sanctions, l'évidence de la faiblesse britannique et même occidentale serait d'autant plus grande[43]. En bref, la reconnaissance ne joue pas seulement un rôle *positif* dans le déclenchement des conflits armés par son déni. Elle joue également un rôle *négatif* par les coûts symboliques que de telles actions sont susceptibles de provoquer, en particulier dans les communautés de sécurité.

La guerre pour la dignité. Les guerres s'alimentent de violences symboliques produites en premier lieu par ceux qui s'estiment offensés. Dans cette éventualité, ce n'est pas « *le désir d'affirmer la supériorité de son désir de reconnaissance qui est à l'origine* » des guerres mais bien « *le désir d'échapper au mépris, et précisément contre l'affirmation inégalitaire d'une supériorité* »[44]. Opposée aux modèles utilitaristes, cette perspective suggère que les guerres se constituent aussi dans « *le cadre d'expériences morales qui découlent du non-respect d'attentes de reconnaissance moralement enracinées* »[45]. C'est sans doute dans la conceptualisation de dénis de reconnaissance que le recours aux travaux sociologiques – et en particulier à l'étude d'Axel Honneth sur la lutte pour la reconnaissance – apparaît particulièrement décisif.

L'expérience du mépris n'est pas réservée aux États les plus faibles. Elle peut également motiver des puissances plus fortes lorsqu'elles s'estiment – à tort ou à raison – rabaissées par des États plus faibles. Ainsi les dirigeants israéliens ont-ils décidé à l'été 2006 de mener des opérations militaires dans les territoires palestiniens et au Liban probablement aussi pour rétablir l'honneur national après la capture de leurs soldats.

Les guerres pour l'identité. La violence symbolique introduite par le désengagement est la forme la plus subtile du mépris. Elle est peut être aussi la plus cruelle puisqu'elle montre à l'Autre toute son insignifiance. Faut-il rappeler que les États-Unis ont décidé d'entrer en guerre justement contre l'État qui n'avait exprimé aucune empathie à leur égard à la suite des attentats du 11 septembre 2001 ? Nous estimons que cette hypothèse d'un lien entre refus de reconnaissance d'une spécificité et conflits armés mérite pour le moins un examen approfondi.

La gestion pacifique d'une crise internationale dépend fortement d'une politique de reconnaissance lorsque la puissance instigatrice d'une crise agit par sentiment de vulnérabilité et non d'opportunité. Cette limitation est importante car nous ne prétendons pas qu'une politique de reconnaissance soit en mesure d'apaiser des États révisionnistes et mégalomanes comme l'Allemagne nazie. Notre propos est d'examiner dans cette optique quatre grandes crises interétatiques, les unes au dénouement belliqueux (la Guerre des Six Jours en 1967, la guerre contre l'Irak 2003), les autres au dénouement pacifique (la crise de Cuba en 1962 la crise américano-libyenne de 1986 à 2004) afin de voir si une évolution de la variable dépendante – la paix ou la guerre – va de pair avec un mouvement de la variable indépendante – la présence ou l'absence d'une politique de reconnaissance[46].

Notes

1. Cf., Ronald Jepperson, Alexander Wendt, Peter Katzenstein, « Norms, Identity and Culture in National Security », in : Peter Katzenstein (Ed.), *The Culture of National Security*, Ithaca, Cornell University Press, 1996, p. 54 ; Ole Waever, « Securization and Desecurization », in : Ronald Lipschutz, (Ed.), *On Security*, New York, Columbia University Press, 1995, pp. 46-86.
2. Certains reprochent à Alexander Wendt de traiter les identités comme des données en estimant qu'elles évoluent rapidement. Martha Zehfuss, *Contructivism in International Relations. The Politics of Reality*, Cambridge, Cambridge University Press, 2002 ; Stefano Guzzini, Anna Leander (Eds.), *Constructivism and International Relations, Alexander Wendt and his Critics*, Londres, Routledge, 2005.
3. Didier Bigo, *Polices en réseaux*, Paris, Presses de Sciences Po, 1997.
4. Thomas Lindemann, *Les Doctrines darwiniennes et la guerre de 14*, Paris, Economica, 2001.
5. Cf., Pascal Vennesson, « Identité », in : Marie-Claude Smouts, Dario Battistella, Pascal Vennesson (Éds.), *Dictionnaire des relations internationales*, 2ᵉ éd., Paris, Dalloz, 2006, pp. 283-283.
6. Friedrich Kratochwil, « Rules, Norms, Values and the Limits of 'Rationality' », *Archiv für Rechts- und Sozialphilosophie*, (73), 1987, pp. 301-321, p. 311 cité par Martha Zehfuss, « Constructivism in International Relations: The Politics of Reality », *Cambridge Studies in International Relations*, (83), 2002, p. 94.
7. Janice Bially Mattern, « The Power Politics of Identity », *European Journal of International Relations*, 2001, p. 359.
8. Axel Honneth, *Kampf um Anerkennung*, Francfort a.M., Suhrkamp, 1994, p. 195.
9. Pour Abraham Maslow, *Dominance, Self-Esteem, Self-Actualization*, Monterey, California, Brooks, 1973 ; Andrew Neher, « Maslow's Theory of Motivation. A critique », *Journal of Humanistic Psychology*, 31 (81),1991 ; John Burton, *Resolution and Prevention*, New York, St. Martin's Press, 1990, p. 36 sq. Cf., aussi Herbert C. Kelman, « Applying a Human Needs Perspective to the Practice of Conflict Resolution. The Israeli-Palestinian Case », in : John Burton, (Ed.), *Conflict. Human Needs Theory*, New York, St. Martin's Press, 1990 ; Jennifer Mitzen, « Ontological Security in World Politics », *European Journal of International Relations*, 12 (3), 2006, pp. 341-370 ; Noa Epstein, « Explaining the War on Terrorism from an Ontological-Security Perspective », *MIT International Review*, print. 2007, pp. 13-19.
10. Cf., Honneth, *Kampf um Anerkennung, op. cit.*, p. 197 ; Anthony Giddens, *Les Conséquences de la modernité*, Paris, L'Harmattan, 1995, chap. 3.

11. Cf., aussi Charles Taylor, *Multiculturalisme*, Paris, Flammarion, 1992 p. 53 *sq*.
12. Glenn Gabbard, « On Hate in Love Relationships: The Narcissism of Minor Differences Revisited », *Psychonalytic Quarterly*, (62), 1993, pp. 229-238.
13. John W. Burton, « Conflict Resolution : The Human Dimension », *The International Journal of Peace Studies*, 3, janv. 1998
14. Honneth, *Kampf um Anerkennung*, *op. cit.*, p. 171 *sq*.
15. Axel Honneth, *La Société du mépris*, Paris, La Découverte, 2006, p. 233.
16. Wendt, « Why a World State is Inevitable », *op. cit.*, p. 34. http://www.comw.org/qdr/fulltext/03wendt.pdf
17. *Ibid.*
18. Cf., Robert Cox, *Approaches to World Order*, Cambridge University Press, 1996 ; Andrew Linklater, *Beyond Realism and Marxism. Critical Theory and International Relations*, Londres, Macmillan, 1990.
19. Janice Bially Mattern, « Representational Force Meets 'Realist' Force. Thoughts on the Relationship between Linguistic and Material Forms of Coercion », 9e congrès de l'AFSP, Toulouse, 5-7 septembre 2007.
20. Wendt, *Social Theory of International Politics*, *op. cit.*, p. 327 et p. 332.
21. Cf., Iver B. Neumann, « Identity and the Outbreak of War : or Why the Copenhagen School of Security Studies should include the Idea of 'Violation' in its Framework of Analysis », *The International Journal of Peace Studies*, 3, janv. 1998. www.gmu.edu/academics/ijps/vol3_1/Neuman.htm.
22. Sidonia Blättler, Irene M. Marti, « Rosa Luxemburg and Hannah Arendt : Against the Destruction of Political Spheres of Freedom », *Hypotia*, 20, print. 2000, pp. 88-101.
23. Cf., Philippe Braud, « Les violences symboliques dans les relations internationales », communication pour le 9e congrès de l'AFSP, 5-7 septembre 2007.
24. Cf., David Singer, *Richard Small, Resort to Arms*, Los Angeles, Sage, 1981.
25. Jonathan Mercer, *Reputation and International Politics*, Ithaca, New York, Cornell University Press, 1996.
26. Wendt, *Social Theory of International Politics*, *op. cit.*, p. 226.
27. *Ibid.*, p. 227.
28. Cf., John Gerard Ruggie, « What makes the World hang Together? Neo-Utilitarianism and Social Constructivist Challenge », *International Organization*, 52 (4), aut. 1998, pp. 855-885.
29. Francis Fukuyama, *The End of the History and the Last Man*, Londres, Hamish Hamilton, 1992, p. 182 *sq*.

30. Cf., Blema Steinberg, *Shame and Humiliation: Presidential Decision-Making on Vietnam*, Montreal, Mc Gill-Queens, 1996.
31. Cf., Wendt, *Social Theory of International Relations, op. cit.*, chap. 3.
32. G. W. Hegel, *Phänomenologie des Geistes*, [1807], Francfort a.M., Suhrkamp, 1973, p. 149.
33. Hans Morgenthau, *Politics Among Nations*, [1948], New York, Knopf, 1978.
34. Cf., Paul M. Kennedy, *The Rise and Fall of Great Powers*, New York, Random House, 1988 ; Emmanuel Todd, *Après l'Empire. Essai sur la décomposition du système américain*, Paris, Gallimard, 2002.
35. « Multilateralism and Power », Conférence donnée à l'IEP de Bordeaux, oct. 2005.
36. Cf., Emmanuel Adler, Michel Barnett, « A Framework for the Study of Security Community », in : Emmanuel Adler, Michel Barnett (Eds.), *Security Communities*, Cambridge, Cambridge University Press, 1998, pp. 29-65 ; Thomas Risse-Kappen, « Democratic Peace-Warlike Democracies? A Social Constructivist Approach of the Liberal Argument », *European Journal of International Relations*, 1 (4), 1995, pp. 491-517.
37. Emanuel Adler, Michel Barnett, *Governing Anarchy : A Research Agenda for the Study of Security Communities*, Cambridge, Cambridge University Press, 1996, p. 39.
38. À propos de cette notion conçue par Karl Deutsch, cf., Wolf-Dieter Eberwein, « The Futur of International Warfare », *International Political Science Review*, 16 (4), 1995, pp. 341-360.
39. Pierre Hassner, « Le Barbare et le Bourgeois », *Politique Internationale*, (84), été 1999, pp. 81-98.
40. Michel Wieviorka, *La Violence*, Paris, Hachette, 2005, p. 211.
41. Philippe Braud, *Violences Politiques*, Paris, Seuil, 2003, p. 190.
42. Guillaume Devin, Claude Gautier, « Mondialisation et droit international public », in : Josepha Laroche (Éd.), *Mondialisation et Gouvernance mondiale*, Paris, IRIS-PUF, 2003. Cf., aussi : Guillaume Devin (Éd.), *Faire la Paix*, Paris, Pepper, 2005, pp. 251-262.
43. Cf., Janice Bially Mattern, *op. cit.*, p. 378 *sq.*
44. Alain Caillé, « De la Reconnaissance. Don, identité et estime de soi », *Revue de Mauss*, 23 (1), 2004, pp. 5-30.
45. Honneth, *Kampf um Anerkennung, op. cit.*, p. 195.
46. Cf., Alexander George, « Case Studies and Theory Development: The Method of Structured, Focused Comparison », in: Paul Gordon Lauren (Ed.), *Diplomacy. New Approaches in History, Theory, and Policy*, New York, Free Press, 1979, pp. 43-68 ; Vennesson, « Science politique et histoire militaire », *op. cit.*

Partie II

Gestion de la face dans les crises internationales

Crises marocaines (1905, 1911), crise de juillet 1914, crise de Munich (1938), crise de Cuba (1962), crise israélo-égyptienne (1967), crises irakiennes (1990, 2002-2003), crise des relations américano-libyennes (1986-2003), crise yougoslave et du Kosovo (1991-1995, 1999), crises américano-iraniennes ou encore crises indo-pakistanaises : autant de séquences aux issues très différentes. Pourquoi certaines d'entre elles ont-elles été résolues de manière pacifique quand d'autres ont conduit à la guerre ?

Chapitre I

Théories des crises internationales

Contrairement à la polémologie qui s'intéresse aux causes structurelles des conflits interétatiques – la course aux armements, les disparités socio-économiques ou encore les antagonismes internes aux États –, ceux qui examinent le déroulement des crises internationales postulent indirectement que l'issue pacifique ou belliqueuse d'une crise dépend aussi de sa gestion par les décideurs politiques[1]. Ainsi, de nombreuses analyses portant sur les origines de la Première Guerre mondiale ou la Guerre des Six Jours ont démontré que le stress, les perceptions erronées ou le problème des relations civilo-militaires ont joué un rôle important. Dans cette perspective, la guerre résulte aussi de décisions souvent maladroites qui reposent sur des erreurs de calcul ou sur les déficiences du processus décisionnel.

Ceux qui s'attachent au modèle du choix rationnel estiment pour leur part que les guerres éclatent parce que l'État défiant le *statu quo* n'est pas découragé de manière crédible à entreprendre une agression. En d'autres termes, c'est l'absence de menaces suffisamment claires et importantes qui encourage les États à s'engager dans une politique du *bord de l'abîme*. Ainsi, l'ambiguïté de la politique britannique au cours de la crise de juillet 1914 aurait autant encouragé les décideurs allemands à persévérer dans une politique conflictuelle que les concessions de Munich en 1938.

Pourtant, cette analogie se révèle erronée dans un très grand nombre de cas historiques, comme le souligne Richard N. Lebow[2]. Si les guerres étaient provoquées par exubérance impérialiste, elles devraient en effet être remportées par la puissance provocatrice. Or, la plupart est perdue par la puissance *agressive*. Au contraire, la menace de représailles et de pertes importantes n'a pas empêché Milosevic en 1999 ou

Saddam Hussein en 2003 de résister face à la superpuissance américaine.

Notre propos est d'analyser pourquoi la menace du recours à la force peut s'avérer contre-productive en favorisant le déclenchement des conflits. Ensuite, nous aimerions démontrer qu'une politique de reconnaissance caractérisée par des concessions d'ordre symbolique demeure souvent susceptible de les prévenir, avec des coûts matériels relativement faibles.

Pour souligner les limites des postures purement dissuasives et les vertus d'une politique de reconnaissance, nous mobiliserons à la fois les thèses du réalisme perceptuel mettant en avant la réalité ou la perception du rapport de forces militaires dans le déclenchement des conflits internationaux et l'approche constructiviste insistant sur le rôle des identités dans l'intérêt de recourir à la force[3].

1. Les États vulnérables insensibles à la dissuasion

Les limites de la dissuasion restent valables même dans le cadre du modèle de l'acteur rationnel, quand les coûts des représailles éventuelles sont perçus comme inférieurs aux coûts du s*tatu quo*. En 1976, Robert Jervis, dans son ouvrage *Perceptions and Misperceptions in International Politics*, montre que les postures dissuasives risquent de rester inefficaces lorsque l'État qui initie une crise internationale agit par sentiment de vulnérabilité[4]. Le récit de Thucydide consacré à la guerre du Péloponnèse (431 av. J.C.) en est une illustration. Par crainte de la montée en puissance des Athéniens, les Spartiates décidèrent selon lui, de recourir à la force pour éviter leur déclin.

La vulnérabilité d'un État et son inclination à recourir à la force tendent à augmenter à mesure que l'équilibre de l'offensive et de la défensive devient favorable à l'offensive, c'est-à-dire lorsque les décideurs d'un État pensent qu'il existe un avantage à frapper militairement en premier[5]. Dans des situations extrêmes, cela peut conduire à des guerres préventives. Ainsi, en 1967 les dirigeants israéliens, conscients de l'exiguïté de leur territoire et inquiets face à la concentration des forces ennemies à leurs frontières, ont décidé de frapper les forces égyptiennes et syriennes. Les origines des perceptions faussées sont multiples et tiennent à la fois à des manipulations – les intérêts corporatistes des militaires – et à l'impact des facteurs d'ordre psychologique, identitaire ou politique.

Par ailleurs, il n'est pas rare que les décideurs d'un État sensiblement plus faible que la puissance dissuasive continuent à s'opposer en dépit de leur intérêt manifeste à éviter des pertes humaines, économiques ou politiques. Milosevic et Saddam Hussein se sont pourtant engagés dans des guerres contre les États-Unis qu'ils étaient assurés de perdre.

Une des clefs de compréhension de cette insensibilité à la dissuasion, à première vue irrationnelle, réside dans l'image que ces acteurs entendaient projeter au plan international. Se plier à une menace peut alors être perçu comme si humiliant qu'ils préfèrent perdre la guerre plutôt que de *perdre la face*. À cet égard, les ingérences demeurent particulièrement inacceptables lorsqu'elles frappent les symboles de l'identité nationale. Milosevic considéra par exemple le stationnement des troupes otaniennes au Kosovo – perçu comme le berceau de l'identité serbe – comme une profanation inacceptable.

Nous défendrons donc comme première hypothèse que les États sont susceptibles de s'immuniser contre la politique de dissuasion en raison d'une vulnérabilité stratégique – réelle ou perçue – et identitaire.

2. La reconnaissance apaisante

Les approches rationalistes, aussi bien celles d'inspiration réaliste que libérale, considèrent que les agressions résultent d'un calcul coûts/bénéfices, les intérêts des États étant considérés comme relativement constants. Afin d'empêcher les guerres, il importe donc d'augmenter les coûts d'une agression *via* des sanctions – les *promesses négatives* – ou bien d'augmenter les bénéfices d'une attitude pacifique *via* des récompenses matérielles – les *promesses positives*. Les approches mixtes, comme celle du « *donnant-donnant* »[6], postulent de la même manière que les acteurs étatiques poursuivent principalement des intérêts égoïstes et matériels.

En réalité, ces perspectives ignorent le fait que certains décideurs peuvent privilégier les intérêts symboliques aux intérêts matériels. De plus, ils accordent souvent une valeur variable aux mêmes objets. Ainsi, une île rocheuse – pensons aux conflits entre le Japon ou la Corée du Sud à propos de l'île Daeju ou récemment l'île Persil entre le Maroc et l'Espagne – peut représenter un enjeu stratégique. De même, une récompense économique ne présente pas nécessairement la même valeur pour un État théocratique ou un État sécularisé. Contre le postulat d'une rationalité unique, il convient donc d'admettre sa pluralité et son interaction avec des identités et des normes.

En fait, la politique de reconnaissance apaisante vise, comme la politique de *réassurance* (R. N. Lebow/J. Stein), à réduire les tensions par des concessions symboliques et matérielles. Il s'agit donc moins d'endiguer la puissance d'un État que d'apaiser sa peur aussi bien stratégique qu'identitaire. La retenue et la maîtrise des mesures militaires en temps de crise internationale est ainsi susceptible de prévenir une escalade action-réaction. À titre d'exemple, les *Graduated Reciprocation Initiatives in Tension Reduction* de Charles Osgood visent à créer une atmosphère de confiance entre acteurs antagonistes *via* des mesures unilatérales[7].

Toutefois, à la différence de ces approches psychologiques, une politique de reconnaissance se caractérise avant tout par l'évitement des blessures narcissiques en temps de crise internationale et une prise en compte des intérêts symboliques d'autrui. Une politique de reconnaissance implique la prise en compte des dimensions identitaires suivantes :

1) La préservation de l'estime de soi (la *face positive*). *A minima*, une politique de reconnaissance ne remet pas en cause le principe d'égalité souveraine entre États. Il ne s'agit pas

seulement d'éviter tout ce qui pourrait mettre en péril l'identité positive d'autrui, mais aussi de la confirmer de manière explicite. Ainsi, Khrouchtchev aurait difficilement reculé lors de la crise de Cuba sans avoir obtenu comme contrepartie l'assurance d'un retrait des fusées américaines *Jupiter* de la Turquie.

2) La confirmation de l'autonomie d'autrui *via* le respect de ses territoires physiques et mentaux (la *face négative*, selon P. Brown et S. Levinson[8]). Une politique de reconnaissance doit notamment tenir compte du caractère sacré de certains territoires (Jérusalem, Kosovo). Le respect de la souveraineté d'un État constitue l'exigence minimale pour une politique de reconnaissance apaisante. En effet, plus les dirigeants d'une nation sacralisent leur territoire, plus ils sont susceptibles de réagir de manière agressive aux ingérences extérieures.

3) Le respect des particularités identitaires. Une politique de reconnaissance doit notamment prêter attention aux religions et aux traumatismes historiques d'autrui. En l'occurrence, le déni des souffrances passées peut produire des réactions émotionnelles fortes, comme lors de la crise précédant la Guerre de Six Jours en 1967, à la suite des violentes déclarations du président égyptien Nasser. Par conséquent, une politique de reconnaissance s'abstient de contraindre l'autre à accepter nos valeurs. Cette stratégie demeure toutefois limitée lorsqu'elle implique la négation de l'existence d'autrui, comme par exemple l'Irak de Saddam Hussein revendiquant des droits historiques sur le Koweït.

4) L'engagement. Il existe une possibilité de dépasser des identités hobbesiennes et égoïstes *via* une politique empathique favorisant des identifications positives. A. Wendt considère ainsi que la valorisation de valeurs partagées et de pratiques coopératives peut transformer les représentations de l'ennemi[9]. L'identité des acteurs dépend en effet en grande partie de ce que les autres en font, processus dont l'*altercasting*, ou imputation d'un rôle constitue une bonne illustration[10].

Une politique de reconnaissance est susceptible de sauver la paix lorsque l'État qui provoque une crise internationale est motivé par des *craintes existentielles*, caractérisées par la perception de l'insécurité stratégique ou la crainte de perdre la face. L'échec de l'administration Bush à endiguer le terrorisme par la force *pure* ou à contraindre la Corée du Nord et l'Iran à renoncer à leur programme nucléaire peut être interprété en ce sens. Par conséquent, une politique dissuasive s'impose lorsque l'État-cible provoque une crise internationale par opportunité de gains, comme l'Allemagne nazie par exemple[11]. En revanche, « *les décideurs qui contestent le* statu quo *par crainte de pertes ou par sentiment de vulnérabilité stratégique sont plus influençables par la promesse d'une récompense que par des menaces* »[12].

Nous avons choisi quatre crises internationales dont les initiateurs agissent surtout par sentiment de vulnérabilité stratégique ou identitaire[13]. Dans un premier temps, nous allons explorer les deux crises à l'issue belliqueuse en déterminant notamment l'effet des postures dissuasives. Nous vérifierons ensuite si les deux crises à l'issue pacifique correspondent davantage aux impératifs de la reconnaissance apaisante.

Notes

1. Cf., Richard N. Lebow, *Between Peace and War*, Baltimore, John Hopkins University Press, 1981 ; Yuen Foong Khong, *Analogies at War: Korea, Munich, Dien Bien Phu, and the Vietnam Decisions of 1965*, Princeton, Princeton University Press, 1992 ; Graham Allison, Philip Zelikov, *Essence of Decision: Explaining the Cuban Missile Crisis*, New York, Longman, 1999 ; Steve A Yetiv, *Explaining Foreign Policy. US Decision-making and the Persian Gulf War*, Baltimore, John Hopkins University Press, 2004.
2. Lebow, *Between Peace and War, op. cit.*
3. Cf., Stephen Van Evera, *Causes of War*, Ithaca, Londres, Cornell University Press, 1999, p. 11 ; Peter Katzenstein (Ed.), *The Culture of National Security*, New York, Columbia University Press, 1996.
4. Robert Jervis, *Perceptions and Misperceptions in International Poltics*, Princeton, Princeton University Press, 1976.
5. Jack Levy, « Misperception and the Causes of War: Theoretical Linkages and Analytical Problems », *World Politics*, 36 (1), oct. 1983, pp. 76-99.
6. Robert Axelrod, *Donnant-Donnant*, trad., Paris, Odile Jacob, 1992.
7. Charles Osgood, *An Alternative to War and Surrender*, Urbana, University of Illinois Press, 1962.
8. Penelope Brown, Stephen Levinson, *Politeness. Some Universals in Langage Usage*, Cambridge, Cambridge University Press, 1987.
9. Alexander Wendt, « Anarchy is What States Make of it », *International Organization*, 46 (2), 1992, pp. 391-425.
10. Cf., Herbert Blumer, *Symbolic Interactionism*, Berkeley, University of California Press, 1969, p. 13 *sq.*
11. Jervis, *Perceptions and Misperceptions, op. cit.*
12. James W. Davis, *Threats and Promises. The Pursuit of International Influence*, John Hopkins University Press, Baltimore, 2000, p. 5.
13. Pascal Vennesson, « Science politique et histoire militaire », in : Laurent Heninger (Éd.), *Histoire Militaire et sciences sociales*, Bruxelles, Complexe, 1999, pp. 155-198.

Chapitre II

Crises à l'issue belliqueuse et *face menacée*

Les études ont largement analysé le problème de la vulnérabilité stratégique alors que l'aspect identitaire a été quelque peu négligé. Pour autant, cette dimension est aussi ancienne que l'histoire des relations internationales, comme en témoigne le récit de la guerre du Péloponnèse par Thucydide[1]. En l'occurrence, toutes les crises que nous présenterons ici – celles précédant la Guerre des Six Jours et la guerre américaine de 2003 – confirment l'importance de la vulnérabilité identitaire dans la genèse de ces conflits.

1. Une vulnérabilité stratégique et identitaire

La crise précédant la Guerre des Six Jours. Stephen Van Evera affirme que chaque protagoniste pouvait croire qu'il possèderait un avantage en frappant le premier et courir des risques extrêmes en attendant l'initiative d'autrui[2]. Les responsables israéliens pensaient sérieusement qu'une attaque des pays voisins arabes était imminente. Le ministre de la Défense Dayan proclama : « *Notre meilleure chance de l'emporter est de frapper en premier* »[3]. Le chef d'état-major Yitzhak Rabin affirma quant à lui que l'initiative était essentielle pour espérer gagner la guerre et en limiter la durée ainsi que les coûts[4].

Le 25 mai, les services de renseignement israéliens apprirent que la 4ᵉ division blindée égyptienne prenait position dans le Sinaï. Le Premier ministre Levi Eshkol écrit le même jour à son ministre des Affaires étrangères alors en déplacement à Washington :

> « *Le déploiement de l'armée égyptienne et le dispositif militaire sont de plus en plus menaçants. Le problème des détroits n'est plus le principal de nos soucis, mais le danger*

que constituent pour la sécurité d'Israël des concentrations de troupes très importantes. Une attaque-surprise contre Israël n'est pas exclue »[5].

Au début du mois de juin 1967, les commandants de l'armée de l'air israélienne conseillèrent d'entrer en guerre, croyant qu'une attaque surprise pourrait détruire une grande partie des forces aériennes égyptiennes[6]. En effet, leur armée détruisit 66% de ces dernières lors de cette attaque inopinée.

La thèse selon laquelle Israël aurait agi par pur sentiment de vulnérabilité a toutefois été remise en question par certains analystes. Pierre Razoux affirme ainsi que les Israéliens n'étaient nullement inquiets pour leur survie. Il se fonde notamment sur les propos de Ezer Weizman, ancien commandant en chef de l'État-major général[7]. L'ambition impérialiste aurait été en fait plus importante que sa sécurité.

Il convient donc de ne pas sous-estimer l'hétérogénéité des motivations. Certains – notamment les membres du parti religieux, comme le Ministre de l'Intérieur Moshé Haïm Shapira, ou celui de la Défense, Moshe Dayan – ont très probablement eu l'espoir de récupérer des terres *saintes*. L'argument d'une guerre purement *impérialiste* et planifiée à l'avance est toutefois mis en doute par l'évolution de l'attitude du gouvernement israélien au cours de la crise. En l'occurrence, le cabinet s'opposa à l'entrée en guerre jusqu'au 27 mai, avec dix-sept ministres contre un seul favorable à la guerre[8]. En outre, l'existence d'une arme nucléaire pouvait-elle réellement sauver Israël en toute circonstance, compte tenu du parapluie nucléaire soviétique dont les États syrien et égyptien pouvaient se prévaloir ?

La vulnérabilité stratégique explique aussi partiellement pourquoi le président Nasser prit l'initiative de déclencher une crise en demandant le retrait des forces de l'ONU, en fermant le détroit de Tiran aux navires israéliens et en multipliant les déclarations provocatrices envers Israël.

Selon Pierre Razoux, les décideurs égyptiens étaient par ailleurs informés du programme nucléaire israélien[9]. Si le danger d'une attaque nucléaire contre l'Égypte est demeuré largement hypothétique, la perception égyptienne des intentions israéliennes rendait l'existence d'un programme nucléaire particulièrement belligène. Le 21 février 1966, Nasser confia ainsi aux journalistes du New York Times que « *l'Égypte se lancerait dans une guerre préventive si Israël se mettait à fabriquer des armes nucléaires* »[10].

Des deux côtés, les vulnérabilités identitaires jouèrent donc un rôle particulièrement important. L'initiative de la crise déclenchée par Nasser est expliquée dans l'autobiographie d'Anouer el Sadate de la manière suivante : « *Nasser semblait être en faveur d'une telle mesure* [fermer le golfe d'Akaba] *pour faire cesser l'opposition arabe à sa politique et maintenir sa popularité dans le monde arabe* »[11]. En l'espèce, il convient de tenir compte de l'identité de rôle qu'il conféra à l'Égypte : celle d'une nation rassembleuse du monde arabe. Or cette image était remise en question par d'autres leaders, comme le roi Hussein de Jordanie qui ne manquait pas une occasion de critiquer l'immobilisme égyptien, non seulement à l'égard des Palestiniens, mais aussi des Syriens, liés à l'Égypte par un pacte d'assistance mutuelle.

> « *Le renversement à 180 degrés de l'attitude nassérienne s'explique par le souci qu'a le Rais de redorer son blason, quelque peu terni par les échecs de son armée au Yémen et par la perte de prestige que lui vaut sa modération à l'égard d'Israël* »[12].

En outre, Nasser ne pouvait pas faire abstraction des liens identitaires entre États arabes socialistes. Le 23 juillet 1967, lors de son discours à l'occasion du jour de l'indépendance, Nasser confère rétrospectivement un caractère arabe et révolutionnaire à la guerre contre Israël : « *Nous savons tous que cette crise a commencé avec la volonté israélienne d'envahir la Syrie. Il était clair pour nous que dans cette politique, Israël n'était pas seul mais était soutenu par les forces qui perdaient patience devant le mouvement révolutionnaire arabe* »[13]. Les autres *leaders* arabes jouaient explicitement avec les liens panarabes et révolutionnaires pour impliquer Nasser dans le conflit. Le président syrien ne manqua ainsi pas de rappeler à Nasser son devoir d'ingérence, conformément au traité de défense liant les deux pays[14]. Les décideurs israéliens étaient aussi vulnérables au défi identitaire. Richard N. Lebow rappelle le poids du syndrome *Holocaust* dans la construction identitaire israélienne, allant de pair avec des craintes souvent exagérées pour la survie de la nation[15].

Les Américains et l'Irak en 2001-2003. La possibilité que la crise américano-irakienne culmine dans une guerre devint évidente lorsque le président Bush proclama le 12 septembre 2002, lors d'une conférence au sein des Nations unies, que cette organisation risquerait de devenir caduque si elle ne parvenait pas à faire respecter ses résolutions[16]. En novembre 2002, le Conseil de sécurité des Nations unies répondit au défi américain en votant la résolution 1144, qui exigeait que l'Irak honore les engagements pris après la guerre du Golfe. Il le somma de détruire son potentiel nucléaire et d'autoriser les inspecteurs de l'AIEA, expulsés en 1998, à poursuivre leur travail.

Quelles étaient les motivations des décideurs américains ? Ont-ils agi par sentiment d'opportunité ou par sentiment de vulnérabilité (pour leur sécurité ou pour la *face*) ? Parmi toutes les crises dont nous avons traité, celle-ci constitue sans doute le meilleur exemple de ce que Richard Lebow qualifie de crises qui servent avant tout aux « *justifications de l'hostilité* », c'est-à-dire de prétexte pour déclencher une guerre décidée auparavant[17].

En faveur de l'hypothèse d'une guerre avant tout impérialiste[18], c'est-à-dire caractérisée par des objectifs – stratégiques, économiques et idéologiques – offensifs, nous pouvons tout d'abord citer l'existence d'une coalition entre néo-conservateurs, regroupés autour de Paul Wolfowitz et de Richard Perle et des représentants proches de l'industrie de l'armement et de l'industrie pétrolière, Donald Rumsfeld ou Dick Cheney. En 1992, la *Defense Policy Guidance* préconisa, sous l'égide de Paul Wolfowitz, un plan de guerre contre l'Irak afin de maîtriser les problèmes d'approvisionnement énergétique, d'armes de destruction massive et de terrorisme. Le même cercle de décideurs rédigea en 1997 une lettre au président Clinton en exigeant le renversement de Saddam Hussein[19].

Dans le *Washington Post* du 16 avril 2002, Donald Rumsfeld exprima son scepticisme envers les inspections de l'AIEA, affirmant « *tout ce qu'ils ont trouvé, c'est à la suite des informations données par des transfuges...* »[20]. Le vice-président Cheney déclara de même en août 2002 « *que les inspections étaient au mieux inutiles* »[21]. Selon un haut fonctionnaire du Département d'État, le plus grand cauchemar des faucons était « *que les fonctionnaires [fussent] autorisés à revenir et qu'ils ne trouvent rien* »[22]. De surcroît, le vice-président « *voulait à n'importe quel prix agir contre Saddam. C'était comme si rien d'autre ne comptait* »[23].

Le changement de régime était selon Michael Howard un objectif primordial de la politique américaine, souhaitant provoquer « *une contagion démocratique* » dans la région[24]. À cet égard, pour le groupe des néoconservateurs, les armes de destruction massive constituaient en premier lieu une raison bureaucratique. Ce messianisme caractérisa également le président Bush lui-même. Dans un entretien avec Bob Woodward à Crawford le 20 août 2002, il affirma ainsi, contrairement à son père, plus inspiré par le réalisme classique, que c'était la « *vision* » qui importait[25]. Lorsque Bob Woodward évoqua dans un entretien avec le président en 2002 « *l'axe du mal* », le président manifesta selon lui un émoi inhabituel : « *Le président s'avança sur sa chaise. Je pensais qu'il allait bondir tant l'évocation du leader nord-coréen le mettait hors de lui : 'Je déteste Kim Jong-il !' cria Bush* »[26]. Le président annonça même : « *Je saisirai l'occasion de faire de grandes choses [...]. Il est clair stratégiquement parlant, qu'il doit y avoir un changement de régime en Irak* »[27].

Contre l'interprétation suivant laquelle la guerre était déjà décidée et qu'elle était au service d'intérêts impérialistes, on peut cependant objecter que le groupe des décideurs américains était loin d'être homogène. Des conservateurs plus classiques comme Colin Powell, son Secrétaire adjoint Richard Armitage, les responsables de l'armée, Condoleezza Rice ainsi que George Tenet hésitaient davantage à entrer dans un tel conflit[28]. Les militaires, Tommy Franks, le responsable du Central Command, et les chefs de trois armées exprimèrent également leurs inquiétudes. Colin Powell exposa même, avec notes à l'appui, ses réticences au président américain le 5 août 2002. Il insista sur les coûts économiques et diplomatiques d'une telle guerre et mentionna aussi le danger d'une recrudescence du nationalisme arabe, pouvant entraîner la chute de régimes amicaux en Arabie Saoudite, en Égypte ou en Jordanie[29].

Le président ne fut apparemment pas insensible aux arguments de son Secrétaire d'État. Le discours du président Bush devant l'ONU le 12 septembre 2002 évoqua, contre les conseils des *faucons* et conformément aux souhaits de Colin Powell, la voie multilatérale dans la résolution du problème irakien : « *Nous œuvrerons avec le Conseil de sécurité de l'ONU afin de prendre les résolutions nécessaires* ». Le compromis consista alors à solliciter l'ONU pour forcer Saddam Hussein à se soumettre aux inspections de l'AIEA. Lors de leur rencontre du 7 septembre, Blair avertit ainsi le président Bush que si Saddam Hussein acceptait les demandes de l'ONU, il pourrait maintenir son régime. Après la résolution 1441 du Conseil de sécurité des Nations unies, le 8 novembre, il subsistait donc encore l'espoir raisonnable qu'une guerre pût être évitée[30].

N'écartons pas davantage la composante défensive, même si elle reposait très largement sur des perceptions erronées. Dans son discours de Cincinatti du 7 octobre 2002, le président américain rappela la crainte que Saddam Hussein s'alliât à Al Quaida contre l'ennemi américain. Au cours d'une réunion avec onze membres de la Chambre des représentants, le 19 septembre 2002, le président déclara : « *La plus grande menace, cependant, c'est Saddam Hussein, et ses armes de destruction massive. Il peut faire sauter Israël, ce qui déclencherait un conflit international* »[31].

En l'occurrence, ce sont surtout les informations erronées des services de renseignement qui expliquent la croyance dans l'existence d'armes de destruction massive. Le rapport du *National Intelligence Estimate* d'octobre 2002 conclut ainsi : « *L'Irak poursuit son programme ADM, et fabrique des missiles dont la portée dépasse largement les 150 Km fixés par la résolution des Nations unies. L'Irak déploie des efforts considérables dans ses manœuvres trompeuses* »[32]. La CIA parvenait pour sa part à des conclusions semblables et voyait dans l'acquisition de tubes aluminium à haute résistance et dans le prétendu achat d'uranium au Niger une preuve que l'Irak cherchait à enrichir de l'uranium à des fins militaires.

Les raisons de ces perceptions faussées des services de renseignement tiennent autant aux expériences passées qu'à leur politisation[33]. De leur côté, les services de renseignement britanniques accusèrent l'Irak d'avoir acheté aux Nigériens de l'oxyde d'uranium, surnommé *yellowcake*[34]. Les services de renseignement français estimaient également que l'Irak possédait des armes de destruction massive[35]. En outre, il convient de ne pas oublier le passé du régime irakien en matière d'armes de destruction massive. Lors de la guerre contre l'Iran, le régime irakien utilisa en effet ces armes à grande échelle. Ce dernier réprima par ailleurs l'insurrection kurde de l'Halabja en 1988 à l'aide de gaz moutarde et d'agents neurotoxiques. En 1991, les inspecteurs de l'AIEA menés par David Kay ont même découvert que l'Irak avait secrètement enrichi de l'uranium sans être détecté[36]. Le choc de la découverte fut d'autant plus grand que les services de renseignement occidentaux de l'époque n'avaient nullement pensé que le programme nucléaire irakien soit à ce point avancé[37]. En 1995, la défection d'un des gendres de Saddam Hussein, le général Hussein Kamel, permit par ailleurs de découvrir que l'Irak avait bel et bien placé des charges chimiques dans les armes balistiques[38].

La sous-estimation du programme nucléaire irakien ainsi que la conduite passée du régime ne furent sans doute pas étrangères à la surestimation du programme nucléaire irakien les années suivantes. Le rapport de 12 000 pages livré par les autorités irakiennes, conformément à la résolution 1441, aux inspecteurs de l'UNSCOM n'apaisa pas les craintes.

Paradoxalement, ce sont les Irakiens eux-mêmes qui semblent avoir encouragé la croyance qu'ils possédaient des armes de destruction massive. Des communications interceptées par les services de renseignements américains indiquaient que les militaires irakiens – dont Ali Hasan Majeed surnommé *Chemical Ali* – avaient obtenu le feu vert pour lancer des armes de destruction massive contre les troupes américaines dans le cas d'une confrontation armée[39].

Deux ans après le 11 septembre, le président remarque dans un entretien avec Bob Woodward : « *Le 11 septembre a de toute évidence modifié profondément la conception que j'avais de mes responsabilités* »[40]. La capacité de nuisance de Saddam Hussein était devenue plus évidente : « *Réussir à le maintenir dans sa boîte m'est apparu de moins en moins réalisable* »[41]. Hans Blix constate pour sa part : « *Après les attentats du 11 septembre 2001 à Washington et à New York, une politique d'endiguement n'était plus suffisante* »[42].

Par ailleurs, de nombreux responsables américains s'estimaient défiés par l'Irak dans leur statut de grande puissance démocratique. Ainsi, dans son discours du 29 janvier 2002 sur l'état de l'Union, lequel mit à l'index les *Rogue States* [*États voyous*], G. W. Bush proclama : « *Les États comme ceux-ci et leurs alliés terroristes représentent l'Axe du Mal* ».

Saddam Hussein ne constituait pas seulement une menace stratégique pour la puissance américaine, mais aussi pour sa *face*, à savoir le visage de défenseur et phare du monde libre. Dans son allocution du 11 septembre 2001, George Bush déclara : « *l'Amérique a été prise pour cible parce qu'elle est le phare le plus brillant de la liberté et du progrès dans le monde. Et personne n'empêchera cette lumière de briller* ».

Or, Saddam Hussein n'a pas simplement maintenu sa place après la première guerre irakienne. À de multiples reprises, il a défié la puissance américaine, notamment en inspirant un attentat contre Bush père et en divisant la coalition occidentale, rendant ainsi impossible une intervention américaine au sol dans les années 1998-1999. En d'autres termes, la guerre contre l'Irak était aussi pour la puissance américaine un moyen de supprimer un *leader* qui avait constamment défié son autorité.

Les déclarations des responsables américains confortent la thèse selon laquelle ils craignaient qu'une attitude passive envers l'Irak leur coûte symboliquement cher. Richard Perle, président du Conseil consultatif de la défense, affirma que George Bush « *devait faire la guerre à l'Irak pour préserver sa réputation politique* »[43].

Le 12 mars 2003, juste avant l'ultimatum adressé à Saddam Hussein, le président remarque de nouveau : « *Il faut que cela cesse [...]. Les Nations unies étaient ridicules. Peut-être était-il finalement souhaitable qu'il n'y ait pas de deuxième résolution* »[44]. Le président américain fut sans doute particulièrement sensible aux offenses en raison de l'image qu'il tentait de projeter. Bob Woodward rapporte ainsi sa réaction agressive face à l'ambassadeur saoudien qui avait mis en question la détermination américaine :

> « *Bush fulminait. Détestant les moqueries, il ne trouvait pas l'allusion amusante (Bandar qui ne voulait pas se raser avant le déclenchement de la guerre, répliqua à Bush qui lui avait promis qu'il pourrait bientôt se raser : 'Je crois que le temps que cette guerre commence, je ressemblerai à Ben Laden'. Bush ne supportait pas qu'on le soupçonne d'être hésitant. 'Je vous le répète, vous n'aurez pas à attendre trop longtemps'...* »[45].

2. L'affirmation identitaire contre la dissuasion

Dans aucun des deux cas, nous n'avons trouvé d'indices prouvant qu'une dissuasion crédible aurait pu éviter la guerre. Au contraire, la fermeté dont firent preuve les dirigeants égyptiens et israéliens en 1967 et Saddam Hussein en 2002 et 2003 face à leurs adversaires, conduisit à une escalade incontrôlée et finalement belliqueuse.

La Guerre des Six Jours. Alors que l'expulsion des troupes de l'ONU et la mobilisation des forces égyptienne et syrienne devant les frontières israéliennes, étaient probablement destinées à intimider les responsables israéliens et à emporter une victoire de prestige, ces mesures ne pouvaient que renforcer le dilemme de sécurité israélien.

Selon Pierre Razoux, c'est surtout le survol de la centrale nucléaire israélienne de Dimona effectué par deux chasseurs Mig-21, le 17 mai, qui « *déclencha une véritable tempête au sein de l'État-major israélien* »[46]. L'historien britannique Michael Oren estime pour sa part que cette situation fut l'une des causes principales de la décision israélienne de mener une sorte de guerre « *préventive* »[47].

La posture dissuasive de Nasser se heurta surtout au syndrome de l'Holocauste et de Massada[48]. Au lieu d'intimider les responsables israéliens, les menaces d'anéantissement proférées par les dirigeants arabes et par Radio Le Caire ravivèrent le traumatisme créé par le souvenir du génocide. Le chef de l'OLP, Choukeiry, prophétisa : « *En cas de conflit, il ne restera pratiquement pas de survivants juifs en Palestine* »[49]. Quant au Premier ministre algérien Houari Boumédienne, il affirma que « *la libération de la nation arabe ne sera totale que lorsque l'entité sioniste, les Américains et les Britanniques auront été boutés hors de la région du Proche-Orient* »[50].

Paradoxalement, il semble que ce soient les maladresses de Lévi Eshkol lui-même qui aient conduit à la radicalisation de la politique israélienne. Les 27 et 28 mai, le cabinet israélien hésite encore fortement à entrer en guerre[51]. Les responsables israéliens reçoivent alors le message du président Johnson : « *Ne déclenchez pas la guerre* »[52]. Il leur promet en échange une action internationale, destinée à ouvrir le golfe d'Akaba aux navires de tous les pays. Or, le 28 mai au soir, Lévi Eshkol intervient à la radio d'État en direct. Épuisé et mal préparé, le Premier ministre bafouille et donne l'impression d'être indécis, voire incapable de résister à la pression des États arabes. Les responsables de l'État-major, reçus le soir même par Eshkol se montrent désormais intraitables et déterminés à entrer en guerre. Le général Sharon lance même au Premier ministre : « *Vos atermoiements nous coûteront des milliers de morts* ». Le chef d'État-major Rabin conclut : « *Il devient de plus en plus évident que la seule force sur laquelle on puisse compter dans ce pays est l'armée* »[53].

Ces maladresses furent d'autant plus désastreuses qu'elles allaient de pair avec de nouvelles provocations égyptiennes. Le 28 mai, Nasser convoqua dans son palais une importante conférence de presse : « *Si Israël veut la guerre, nous lui répétons : faites-donc ! J'interdirai le canal de Suez à tout pays qui interviendra en faveur d'Israël* »[54]. Le 29 mai, l'affaiblissement de la position pacifique d'Eshkol devint tangible. L'éditorialiste du quotidien influent Haaretz estima que « *tel qu'il est actuellement composé, le gouvernement ne réussit pas à diriger le pays, au milieu des dangers* »[55].

Lorsque le roi Hussein arrive au Caire le 30 mai pour signer avec Nasser un pacte de défense mutuelle aux termes duquel l'armée jordanienne passerait, en cas de conflit armé, sous commandement égyptien, le spectre de la guerre se précise déjà. À la même période et au titre de la solidarité arabe, le Maroc, la Tunisie, la Libye, l'Arabie Saoudite et le Koweït prennent la décision d'acheminer des contingents vers la région de la bataille[56]. Face à cet enthousiasme panarabe, Nasser dont la popularité atteint désormais le zénith, peut difficilement jouer l'apaisement. Au contraire, pris dans la spirale de l'escalade, il autorise les feddayins à reprendre leurs raids à partir de Gaza. Pierre Hazan remarque : « *Arrivé ainsi au zénith de sa popularité, le raïs ne peut pas faire marche arrière [...] sans être frappé du sceau de l'infamie et de la trahison* »[57]. Le 1er juin, la nomination de Moshe Dayan à la tête du ministère de la Défense constitue donc une pré-décision d'entrée en guerre. Pourtant, depuis 1957, Nasser avait plutôt opté pour une politique prudente, s'abritant derrière les 3400 casques bleus des Nations unies[58].

Afin de comprendre ce revirement, il faut tenir compte de la confrontation entre Palestiniens et Israéliens impliquant la Syrie et la Jordanie. Le 13 novembre 1966, en riposte à une série de raids du Fatah palestinien effectués depuis les territoires libanais, syrien et jordanien, les Israéliens prennent pour cible le village de Samoa en Jordanie, base des combattants palestiniens. Le roi Hussein qualifie alors Nasser explicitement de lâche en l'accusant de pousser les feddayins jordaniens contre Israël.

Mais ce sont surtout les dirigeants syriens qui cherchent à inciter à la guerre les Égyptiens : « *La Syrie révolutionnaire se moque du Nasser trop timoré. Même le modeste royaume hachémite nargue le grand Nasser qui prêche la révolte à l'extérieur et emprisonne les militants palestiniens chez lui* »[59]. Le ton était à l'invective entre le jeune roi Hussein et Nasser « *d'autant plus que la Jordanie soutenait l'Arabie Saoudite dans l'interminable conflit yéménite qui l'opposait à l'Égypte* »[60]. La perte de prestige de Nasser dans le monde arabe est à ce moment indéniable. Ce dernier choisit alors d'adopter une attitude provocatrice envers l'État hébreu. Durant la crise, la radio du Caire proclame : « *Nasser est un homme. Quand on le provoque, il ne recule jamais* »[61].

Tout indique aussi que les postures dissuasives israéliennes étaient vouées à l'échec car Nasser avait une perception erronée du rapport de forces et surestimait les capacités militaires des forces arabes : « *Cinq jours nous suffiront pour liquider le petit État d'Israël. Même sans guerre, il s'effondrerait, car il est incapable de supporter le fardeau d'une mobilisation* »[62].

Par ailleurs, les autorités de l'ONU et en particulier son Secrétaire général, le Birman U Thant, ne prirent pas en compte les considérations *faciales* dans la gestion du conflit. Nasser n'avait pourtant pas remis en question la présence de la FUNU dans les endroits les plus sensibles, respectivement Gaza et Sharm El Sheikh. Toutefois, au lieu de temporiser, U Thant lança un ultimatum à Nasser en exigeant qu'il opte soit pour le maintien des casques bleus, soit pour leur retrait pur et simple, au lieu d'admettre éventuellement un redéploiement. Il rendit même son ultimatum public, compliquant encore un peu plus le positionnement de Nasser. Privées de la FUNU, les forces égyptiennes se retrouvent alors face aux bateaux israéliens qui passent dans le détroit de Tiran : « *Aux yeux du monde arabe, lui [Nasser], le héros de l'arabisme qui proclame depuis toujours liquider l'État sioniste, resterait les bras croisés alors que les navires ennemis passent à quelques encablures de ses forces ? Reste donc à fermer le détroit de Tiran à la navigation israélienne* »[63].

L'action diplomatique d'autres acteurs tels que la France et les États-Unis n'était pas non plus susceptible d'apaiser les craintes israéliennes et arabes. Se montrant insensible à la fermeture du Golfe d'Akaba, le général de Gaulle proclama : « *Ne faites pas la guerre. Pour moi, qui tire le premier coup de feu ouvre les hostilités* »[64]. En outre, de Gaulle décida d'arrêter la livraison d'armes à l'État israélien. Le 2 juin, le président américain Johnson transmit un message qui montrait nettement les limites de l'engagement des Américains : « *Les dirigeants de notre pays sont convaincus que les États-Unis ne doivent pas agir seuls* »[65]. Loin de dissuader les responsables israéliens d'entrer en conflit avec l'Égypte, cette attitude les choqua et les convainquit qu'ils ne pouvaient désormais plus compter que sur eux-mêmes. À l'issue d'une réunion très longue qui vit le ralliement du ministre des Affaires étrangères aux thèses de l'État-major, le principe du déclenchement de la guerre est voté par douze voix contre deux[66].

> « *Les leaders des grandes puissances commettent des impairs, lourds de conséquences : en méconnaissant profondément les déterminants psychologiques des protagonistes et en ignorant jusqu'aux réalités stratégiques, ils rendent la guerre possible, puis probable* »[67].

La guerre contre l'Irak. La rancune américaine contre l'Irak ne date pas de 2001. Saddam Hussein est notamment soupçonné d'avoir organisé un attentat contre le président Bush en 1993. Ce sont tout d'abord les tentatives de la défense anti-aérienne irakienne d'abattre les avions américains et français qui furent perçues comme une provocation par les responsables américains[68]. Tout au long de la crise irakienne, les décideurs irakiens refusèrent par ailleurs de permettre le survol des avions espions U2, sous prétexte de ne pas donner une quelconque garantie de sûreté en raison des tirs des avions américains[69]. Lors d'une réunion le 1er mars 2001, Donald Rumsfeld demanda aux autres participants : « *À quel autre moment de l'histoire, nous sommes nous ainsi laissés tirer dessus ?* »[70].

Le 11 septembre constitua cependant un tournant décisif. Avant cette date, l'Irak représentait une préoccupation secondaire de la politique étrangère américaine. Le Secrétaire d'État Powell affirma en février 2001, lors de sa tournée au Proche et Moyen-Orient que les États-Unis avaient réussi à maintenir Saddam dans sa « *boîte* »[71]. Seuls les néoconservateurs autour de Paul Wolfowitz mettaient en garde contre Saddam Hussein[72]. La réaction de l'Irak après les événements du 11 septembre fut donc cruciale.

Saddam Hussein déclara néanmoins dès le lendemain que les États-Unis récoltaient les « *épines semées par leurs dirigeants dans le monde entier* »[73]. Le 13 septembre 2001, il adressa même une lettre ouverte aux peuples américain et occidentaux[74]. Non seulement le président irakien n'y exprimait aucune compassion envers le peuple américain, mais il justifiait l'attentat. Il soulignait le caractère réactif des événements du 11 septembre en prenant ses distances avec leur désignation comme acte d'agression. Il niait de surcroît toute qualité morale à la puissance américaine en l'accusant d'avoir tué un million et demi d'Irakiens avec l'embargo. Ces déclarations constituaient donc une atteinte à la *face positive* et *négative* des Américains – leur disqualification morale, la légitimité d'une intrusion territoriale – ainsi qu'aux règles les plus élémentaires de l'engagement empathique.

Ces provocations ont non seulement déclenché l'indignation des décideurs américains mais aussi nourri leurs soupçons envers les intentions et projets irakiens à l'égard de la puissance américaine. Dès le 11 septembre, le président américain déclara qu'il ne ferait pas de distinction entre ceux qui avaient planifié les actes et ceux qui hébergeaient les terroristes[75]. Richard Clarke, en charge du dossier du contre-terrorisme dans le cabinet présidentiel, rapporte que Bush lui demanda lors d'une réunion à la Maison Blanche, le 12 septembre, de vérifier si Saddam était responsable[76]. Malgré l'étonnement de Clarke : « *mais Monsieur le président, c'est Al Quaida qui est responsable* », le président insista : « *Je sais, je sais, mais regardez quand même si Saddam Hussein est impliqué* »[77]. Seul Paul Wolfowitz se prononça nettement en faveur d'un recours à la force contre l'Irak alors que Donald Rumsfeld s'abstint. Le président, Condoleezza Rice, George Tenet et Powell s'y opposèrent[78].

Le 14 septembre, George Bush réunit ses principaux conseillers à Camp David. Paul Wolfowitz profita de l'occasion pour mettre en avant que « *plusieurs pays dans le monde* » soutenaient le terrorisme et en particulier l'Irak[79]. Deux jours plus tard, le président déclara à Condoleezza Rice : « *Nous allons nous occuper d'Oussama Ben Laden mais l'Irak est sur mon agenda, je pense qu'ils sont dans le coup. Ce sera l'étape suivante* »[80].

Il ne fait aucun doute que c'est surtout Cheney qui encouragea le président à agir contre l'Irak. Ainsi, le 20 septembre, le président américain déclara devant les membres du Congrès : « *Chaque nation [...] doit maintenant prendre une décision. Soit vous êtes avec nous, soit vous êtes avec les terroristes* ». Le 21 novembre, en pleine guerre contre l'État taliban, le président se renseigna auprès du Secrétaire à la Défense Rumsfeld au sujet d'un plan d'attaque contre l'Irak. Il demanda à Tommy Franks, commandant du CENTCOM et engagé dans la guerre contre l'État taliban, « *d'étudier les moyens à mettre en œuvre pour protéger l'Amérique en renversant au besoin Saddam Hussein* »[81]. Il semble donc que les déclarations de Saddam Hussein coïncident avec sa désignation comme principale menace dirigée contre les États-Unis. Colin Powell lui-même était peu optimiste quant à l'attitude irakienne à l'égard de l'inspecteur en chef, Hans Blix, en janvier 2002, doutant que « *le régime irakien accepte jamais les résolutions du Conseil de sécurité* »[82].

Durant l'été 2002, la stratégie américaine subit une mutation importante. Le 1er juin 2002, le président prononce à l'école des officiers de *West Point Academy* à New York un discours dans lequel il présente sa conception de la guerre préventive. Le 27 août 2002, le *New York Times* rapporte les propos du vice-président Cheney suivant lesquels « *la menace nucléaire irakienne justifie une attaque* ». Enfin, on publie en septembre 2002 le document *The National Security Doctrine of the United States* dans lequel est proclamé le droit de réagir « *préventivement à des menaces* ». Le 8 septembre 2002,

Condoleezza Rice semble se ranger elle-même du côté des faucons en évoquant sur la chaîne CBS le spectre d'un champignon nucléaire irakien[83].

En conformité avec la résolution 1441, les autorités irakiennes remirent, le 7 décembre 2002, un rapport affirmant que l'Irak ne possédait aucune arme de destruction massive. Or, ce document était pour la grande majorité des experts, peu crédible alors que l'État irakien avait précédemment déclaré être en possession de 8500 litres d'anthrax ainsi que de plusieurs tonnes de gaz VX[84]. Pour Hans Blix, ce document de près de 12 000 pages révélait une attitude agressive de la part des autorités irakiennes qui semblaient dire : « *Vous nous réclamez trop d'informations. Tenez, prenez ça et débrouillez-vous* »[85]. Le 27 janvier 2003, devant les membres du Conseil de sécurité des Nations unies, Hans Blix parvint donc à la conclusion critique suivant laquelle l'Irak coopérait sur la forme et non sur le fond[86]. Pour les Américains, ce manque de clarté de Bagdad prouvait surtout que Saddam n'avait nullement l'intention de procéder à un désarmement[87].

Le vice-président Dick Cheney proposa alors au Conseil de Sécurité nationale de demander au président de déclarer qu'il s'agissait « *d'une violation patente de la résolution 1441* »[88]. Le 18 décembre, Bush reçut en privé José Maria Aznar et remarqua à propos de la déclaration irakienne : « *Elle ne vaut rien, elle est vide, c'est une vaste fumisterie, mais notre réaction sera mesurée* »[89]. Toutefois, dans le même entretien le président américain laissait peu de doutes quant à l'imminence de la guerre : « *À un moment ou à un autre, nous finirons par décider que la plaisanterie a assez duré et nous le virerons. C'est un menteur et il n'a aucune intention de désarmer* »[90]. Vers la fin du mois de décembre Condoleezza Rice se rangea définitivement du côté des *faucons*. À la question du président, « *faut-il y aller ?* », elle répondit :

« *Oui. Parce que ce n'est pas la crédibilité de l'Amérique qui est en jeu, si cette crapule arrive encore à faire échec au système international, tout le monde perdra sa crédibilité [...]. Si on laisse un type aussi dangereux jouer au chat et à la souris avec la communauté internationale (sic.), il reviendra nécessairement nous hanter tôt ou tard. Voilà pourquoi il faut y aller* »[91].

De surcroît, avec le renforcement des troupes américaines en Arabie Saoudite à partir de décembre 2002, les chances d'un règlement pacifique du conflit se sont singulièrement réduites. Elles étaient aussi compromises par l'engagement de la crédibilité de la puissance américaine. Aucun président ne pouvait mobiliser autant de forces militaires sans obtenir de résultats tangibles. Avec l'envoi des troupes américaines, la *face interne et externe* était engagée. Hans Blix remarque ainsi : « *la pression militaire était un argument de poids pour convaincre l'Irak de coopérer – j'étais d'accord –, mais les États-Unis ne pouvaient pas se permettre de maintenir des troupes inactives dans la région pendant des longs mois* »[92]. Fin février 2003, 200000 hommes étaient déployés en Arabie Saoudite.

De la même manière, certains acteurs, et notamment l'ambassadeur de l'Arabie Saoudite, le prince Bandar, exploitèrent délibérément la question de l'honneur américain. En effet, l'Arabie Saoudite permettant aux troupes américaines de s'installer sur son territoire, elle se trouvait donc fragilisée si Saddam trouvait une nouvelle fois une échappatoire[93].

Saddam Hussein n'exploita cependant pas l'occasion de faire de la publicité autour de la destruction des missiles Al-Samoud 2 dont la portée dépassait légèrement les 150 kilomètres autorisés. Le 24 février 2003, il accorda un entretien sur la chaîne CBS[94]. Alors que l'éventualité d'une guerre se précisait, le président opta pour un ton ferme et insolent. Interrogé sur la destruction éventuelle des missiles Al-Samoud, il répondit : « *De quels missiles parlez-vous ? Nous n'avons pas de missiles qui dépassent la portée autorisée par les Nations unies* »[95].

Mais pourquoi Saddam Hussein qui ne disposait pas d'armes de destruction massive a-t-il refusé de jouer cartes sur table ? John Keegan affirme pour sa part que si Saddam Hussein « *avait montré aux Américains qu'il n'en détenait pas, ils n'auraient jamais envahi son pays* »[96]. Il aurait ainsi volontairement entretenu l'ambiguïté en espérant être en mesure de dissuader la puissance américaine d'intervenir. Dans son discours devant le Conseil de sécurité des Nations unies le 5 février 2003, Colin Powell s'interrogea : « *devrions-nous prendre le risque qu'il (Saddam Hussein) emploie un jour ces armes au moment, dans un lieu et de la manière qu'il souhaite, alors que le monde serait dans une position beaucoup plus faible pour réagir* »[97].

La résistance de Saddam Hussein peut être également liée à une mauvaise évaluation des rapports de force et à une image de soi incompatible avec les exigences américaines. Il a probablement sous-estimé la détermination des États-Unis à mettre à exécution leurs menaces en misant sur leur crainte de pertes humaines[98]. Durant toute la crise, les décideurs irakiens espéraient apparemment obtenir des concessions économiques – la levée des sanctions – en échange d'une coopération sécuritaire.

Mais en l'occurrence, l'ultimatum adressé à l'Irak par les États-Unis et le Royaume-Uni ne permettait pas à son destinataire de s'y soumettre sans perdre la face car il impliquait le départ de Saddam Hussein. L'image supérieure qu'il avait de lui-même et de sa nation constitue un important facteur explicatif. John Keegan estime que Saddam Hussein n'a pas admis la non-existence des armes de destruction massive, trouvant sans doute trop humiliant de reconnaître son impuissance : « *Son idée de la puissance et la vision qu'il avait de lui-même eussent été écornées. Il n'a pas pu s'y résoudre* »[99].

La politique occidentale envers l'Irak et en particulier la politique américaine, ne correspondait en rien aux principes les plus élémentaires d'une politique de la reconnaissance. Les inspections de l'AIEA et surtout celles de l'UNSCOM, de 1991 à 1998, étaient loin d'être toujours irréprochables et soucieuses de préserver la face des dirigeants irakiens[100]. Hans Blix reconnaît que « *plusieurs inspecteurs de l'UNSCOM avaient entretenu autrefois des relations avec certains services secrets nationaux* », ce qui était bien de nature à « *rendre les Irakiens chatouilleux (sic.)* »[101]. À la différence de l'AIEA, l'inspection de l'UNSCOM était délibérément agressive depuis l'été 1997 et l'arrivée à sa tête de l'Australien Richard Butler.

La résolution 1441 était pour sa part tellement précise – exigeant notamment une « *déclaration à jour, exacte et complète sur tous les aspects de ses programmes de développement d'armes interdites* » dans un délai de trente jours – qu'elle était uniquement susceptible d'être satisfaite sous la menace directe d'une intervention armée[102]. Son style même était quelque peu humiliant, sommant l'Irak de « *coopérer ouvertement, sans délais, ni conditions* »[103]. Enfin, l'ultimatum adressé par les États-Unis à l'Irak avant le déclenchement des hostilités exigeant le départ de Saddam Hussein ne lui offrait pas de porte de sortie.

Hans Blix expose l'hypothèse intéressante suivant laquelle les Irakiens auraient en grande partie détruit leur potentiel chimique et biologique en 1991 en dehors de la présence des inspecteurs de l'AIEA afin de ne pas s'infliger de blessures d'amour-propre. Or, le comportement irakien lors de la destruction des missiles Al Sammoud tend à confirmer cette hypothèse.

Notes

1. Richard N. Lebow, « Play it again Perikles », *European Journal of International Relations*, juin 1996, pp. 231-258.
2. Stephen Van Evera, *Causes of War*, New York, Cornell University Press, 1999, p. 66.
3. Van Evera, *op. cit.*, p. 66.
4. *Ibid.*
5. Cité par Charles Enderlin, *Paix ou guerres. Les secrets des négociations israélo-arabes 1917-1997*, Paris, Stock, 1997, p. 235.
6. Van Evera, *op. cit.*, p. 40.
7. *Ibid.*, p. 15.
8. Michael Bar-Zohar, *Histoire Secrète de la Guerre d'Israël*, Paris, Fayard, 1968, p. 169.
9. Pierre Razoux, *La Guerre des Six Jours*, Paris, Economica, 2003.
10. Cité par Razoux, *op. cit.*, p. 13.
11. Cité par Enderlin, *op. cit.*, p. 231.
12. Pierre Milza, *Les Relations internationales 1945-1973*, Paris, Hachette, 1996, p. 201.
13. Cité in : *ibid.*, p. 16.
14. Razoux, *op. cit.*, p. 19.
15. Richard N. Lebow, *Between Peace and War*, Baltimore, John Hopkins University Press, 1981, p. 241 *sq*.
16. President's Remarks at the United Nations General Assembly, 12 sept. 2002. www.whitehouse.gov/news/releases/2002/09/print/20020912-1.html ; Cf., John Lewis Gaddis, *Surprise, Security and the Amercian Experience*, Harvard University Press, 2004, p. 94.
17. Lebow, *Between Peace and War, op. cit.*
18. Cf., Dario Battistella, « Prendre Clausewitz au mot : une explication libérale de 'Liberté en Irak' », *Études Internationales*, 3 (4), pp. 667-687.
19. Dieter Ruloff, *Wie Kriege beginnen. Ursachen und Formen*, München, Beck'sche Reihe, 2003.
20. Hans Blix, *Les Armes introuvables*, trad., Paris, Fayard, 2004, p. 107.
21. *Ibid.*, p. 28.
22. *Ibid.*, p. 107.
23. Bob Woodward, *Plan d'Attaque*, trad., [2004], Paris, Folio, 2005, p. 267.
24. John Keegan, *The Iraq War. The 21-Day Conflict and its Aftermath*, Pimico, Londres, 2005, p.97.
25. Bob Woodward, *Bush s'en va-t-en guerre*, trad., Paris, Denoël Impacts, 2003, p. 364.
26. *Ibid.*, p. 362.
27. Woodward, *Plan d'Attaque, op. cit.*, p. 249.

28. Ivo H. Daalder, James M. Lindsay, *America Unbound*, New York, John Wiley and Sons, 2005, p. 133.
29. Woodward, *Plan d'attaque*, *op. cit.*, p. 355.
30. *Ibid.*
31. Woodward, *Plan d'attaque*, *op. cit.*, p. 283.
32. « National Intelligence Estimate, Key Judgements. Iraq's Continuing Programs for Weapons of Mass Destruction », Washington D.C., oct. 2002.
33. Chaim Kaufmann, « Threat Inflation and the Failure of the Marketplace of Ideas : the Selling of the Iraq War », *International Security*, 29 (1), été 2004, pp. 5-48.
34. Woodward, *Plan d'attaque*, *op. cit.*, p. 304.
35. Blix, *op. cit.*, p. 210.
36. *Ibid.*, p. 48.
37. Scott Ritter, *Guerre à l'Irak*, trad., Paris, Serpent à Plumes, 2002, p. 61.
38. Blix, *op. cit.*, p. 57.
39. www.worldnetdaily.com
40. Woodward, *op. cit.*, p. 54.
41. *Ibid.*, p. 55.
42. Blix, *op. cit.*, p. 14.
43. Ritter, *op. cit.*, p. 12 *sq*.
44. *Ibid.*, p. 505.
45. *Ibid.*, p. 511.
46. Razoux, p. 23.
47. Michael Oren, *Six Days of War*, Oxford, Oxford University Press, 2002, p. 76.
48. Référence à la destruction du dernier foyer juif par les légions romaines, en l'an 73.
49. Pierre Hazan, *La Guerre des Six Jours : la victoire empoisonnée*, Bruxelles, Éditions Complexe, 1989, p. 31.
50. *Ibid.*, p. 34.
51. Hazan, *op. cit.*, p. 28.
52. Michel Bar-Zohar, *Histoire secrète de la Guerre des Six Jours*, Paris, Fayard, 1978, p. 168.
53. Hazan, *op. cit.*, p. 29.
54. Bar-Zohar, *op. cit.*, p. 167.
55. *Ibid.*
56. Razoux, *op. cit.*, p. 34.
57. Hazan, *op. cit.*, p. 22.
58. Hazan, *op. cit.*, p. 13.
59. *Ibid.*, p. 14 *sq*.
60. Razoux, *op. cit.*, p. 18.

61. Cité par Jean Guerdon, *op. cit.*, p. 48.
62. Hazan, *op. cit.*, p. 30.
63. *Ibid.*, p. 20.
64. *Ibid.*, p. 26.
65. *Ibid.*, p. 203.
66. *Ibid.*, p. 35.
67. *Ibid.*, p. 133.
68. Woodward, *op. cit.*, p. 288.
69. Blix, *op. cit.*, p. 200.
70. Cité par Bob Woodward, *op. cit.*, p. 37.
71. Colin Powell, « Press Briefing on Route to Cairo, Egypt », 23 fév. 2001, www.state.gov/secretary/rm/2001/931.html.
72. Ivo H. Daalder, James M. Lindsay, *America Unbound. The Bush Revolution in Foreign Policy*, Brookings Institution Press, 2003, p. 129.
73. Cf., « Solidarité sans faille des capitales étrangères », *Libération*, jeudi 13 sept., 2001 ; « La BCE se veut rassurante », *L'Humanité*, 14 sept. 2001 ; Haitham Rashid Wihaib, *Dans l'ombre de Saddam Hussein. Les révélations inimaginables de son chef du protocole*, Paris, Michel Lafon, 2004, p. 224.
74. « Open Letter from Saddam Hussein to the American Peoples and the Western Peoples and their Governments » : www.infoimagination.org/ps/iraq/spch091301.html
75. Cité par Roger Burbach, Jim Tarbell, *Imperial Overstretch. George Bush and the Hubris of Empire*, Londres, New York, Zed Book, p. 126.
76. Woodward, *Bush at War...*, *op. cit.*, p. 49.
77. *Ibid.*, p. 51 *sq.*
78. *Ibid.*
79. Laurent, *La Guerre des Bush*, *op. cit.*, p. 123.
80. Woodward, *Bush at War...*, *op. cit.*, p. 133.
81. Woodward, *Plan d'attaque*, *op. cit.*, p. 17.
82. Blix, *op. cit.*, p. 107 *sq.*
83. Cité par Dana Milbank, Mike Allen, « Iraq flap shakes Rice's Image », *Washington Post*, 27 juil. 2003.
84. Yetiv, *op. cit.*, p. 224.
85. Blix, *Les Armes introuvables*, *op. cit.*, p. 175.
86. Hans Blix, « An update on inspection », rapport de l'UNMOVIC, 27 janv. 2003, www.al-bab.com.
87. Daalder, Lindsay, *op. cit.*, p. 142.
88. Woodward, *Plan d'Attaque*, *op. cit.*, p. 350.
89. *Ibid.*, p. 358.
90 Cité in : *Ibid.*
91 *Ibid.*, p. 374.
92. Blix, *Les Armes introuvables*, *op. cit.*, p. 214.

93. Woodward, *Plan d'Attaque, op. cit.*, p. 396.
94. Entretien avec Saddam Hussein, 26 fév. 2003, www.cbsnews.com/stories/2003/02/26/60II/printable542151.shtml
95. *Ibid.*
96. Keegan, *The Iraq War, op. cit.*
97. www.usinfo.state.gov/français/irak/powell.htm
98. Kevin Woods, James Lacey, and Williamson Murray, « Saddam's Delusions : The view from the Inside », *Foreign Affairs*, print. 2006, pp. 2-26. L'enquête des auteurs fondée sur des entretiens avec de nombreux responsables politiques et militaires irakiens conclut que Saddam Hussein était très confiant dans le fait que « *les États-Unis n'oseraient pas attaquer l'Irak, et que, s'ils le faisaient, ils seraient défaits* » p. 3.
99. Keegan, *Dans l'Histoire, op. cit.*
100. Blix, *op. cit.*, p. 104.
101. *Ibid.*, p. 195.
102. *Ibid.*, p. 148.
103. *Ibid.*

Chapitre III

Crises à l'issue pacifique et *face sauvée*

Si les postures dissuasives sont le plus souvent impuissantes face à des États qui s'estiment vulnérables, il existe néanmoins une politique alternative visant à la fois à diminuer les craintes sécuritaires d'autrui et à rassurer par une reconnaissance surtout symbolique. Les deux cas que nous allons présenter démontrent qu'il est souvent possible d'apaiser l'État-cible sans nécessairement faire des concessions substantielles.

1. Des États vulnérables mais pacifiques

Khrouchtchev et le *missile gap*. La crise des fusées a été déclenchée avec la découverte d'engins balistiques soviétiques à Cuba, le 14 octobre 1962, par un avion espion américain U2. De surcroît, les Américains ont constaté la présence de 42 000 militaires soviétiques sur l'île[1].

L'initiative soviétique peut être interprétée comme une tentative de redresser ce qu'ils estimaient être un déséquilibre global. Les décideurs soviétiques étaient notamment préoccupés par la viabilité de la RDA et la reprise américaine des essais nucléaires[2]. En fait, les Soviétiques avaient remarqué que le fameux *missile gap* était en leur défaveur : alors que les États-Unis possédaient 300 missiles et 1600 bombardiers à long rayon d'action, l'URSS ne comptait que 100 missiles et 300 bombardiers. Les Américains avaient même *via* une déclaration de Roswel Gilpatric proclamé leur supériorité stratégique. Rétrospectivement, Khrouchtchev remarquera : « *En outre, tout en protégeant Cuba, nos fusées rétablissaient ce que les Occidentaux se plaisaient à appeler 'l'équilibre des forces'* »[3].

Dans ses mémoires, Khrouchtchev désigne la défense de Cuba comme sa motivation principale dans le déploiement des missiles car les Soviétiques savaient que la sécurité de leur allié cubain n'était pas assurée[4]. L'ouvrage collectif *The Cuban missile Crisis 1962*, fondé sur l'exploitation de nombreux documents nouveaux, parvient pour sa part à la conclusion suivante :

> « *Les documents confèrent de la crédibilité aux affirmations de Khrouchtchev selon lesquelles la motivation principale de l'Union soviétique était la défense de Cuba contre une invasion américaine. Durant des années, les analystes américaines ont écarté cette explication comme une rationalisation* a posteriori *servant à sauver la face des décideurs soviétiques* »[5].

La tentative américaine de renverser le régime de Castro en 1961 – le désastre de la baie des Cochons – était encore dans les mémoires. Les avions U2 survolaient toujours le territoire cubain et les exilés étaient autorisés à s'engager dans l'armée américaine. Selon Castro, les Américains avaient « *entouré notre pays de bases militaires ; ils nous tenaient en permanence sous la menace des armes nucléaires [...], nous ne faisions jamais que leur rendre leur politesse* »[6].

Pour N. Khrouchtchev, les missiles américains déployés en Turquie étaient particulièrement menaçants. Dans sa lettre du 26 octobre adressée au président Kennedy, Khrouchtchev écrit : « *Vous vous préoccupez de Cuba. Vous dites que vous êtes inquiets car l'île est à 90 miles des côtes des États-Unis. Toutefois, la Turquie est plus proche de nous* »[7].

Il convient par ailleurs de ne pas négliger les questions de prestige dans le comportement soviétique. Un des proches de Khrouchtchev, Oleg Troyanowski, le confirme : « *Khrouchtchev était toujours soucieux de notre prestige. Il était inquiet du fait que les Américains nous forceraient à reculer quelque part* »[8]. Pour J.-Y. Haine, « *Moscou recherchait une égalité de statut, une crédibilité équivalente à celle de Washington* »[9]. Khrouchtchev exprime sa satisfaction sur le fait que l'Union soviétique soit désormais prise au sérieuse par la puissance américaine :

> « *Si le président des États-Unis invite personnellement le président du conseil des ministres de l'Union soviétique, vous vous rendez compte que les conditions ont changé. Nous sommes très éloignés du temps où les États-Unis ne nous garantissaient pas la reconnaissance diplomatique. Nous avons transformé la Russie en un pays hautement développé. Le facteur principal qui a forcé le président à améliorer nos relations est la puissance économique, celle de nos forces armées et de tout notre camp socialiste* »[10].

L'obsession de prestige de Khrouchtchev était d'autant plus grande qu'il estimait que les États-Unis avaient refusé d'accorder à l'URSS le statut de grande puissance lors de la rencontre au sommet de Vienne en 1961. L'irritation identitaire de Khrouchtchev était renforcée par les survols du territoire soviétique par les U2. Celui-ci s'exclame dans ses mémoires : « *Ils faisaient ces vols afin de montrer notre impuissance* »[11]. Jean-Yves Haine décrit ainsi la personnalité de Khrouchtchev : « *Il ne supportait pas les 'violations arrogantes' de la souveraineté russe par les États-Unis qui démontraient ainsi leur refus de traiter l'Union soviétique d'égal à égal* »[12]. L'annonce du Secrétaire américain à la Défense en octobre 1961 que le *missile gap* était en fait en faveur des États-Unis était donc logiquement « *perçue comme une humiliation gratuite d'autant plus amère que Khrouchtchev [avait] toujours considéré les armes nucléaires comme l'apanage ultime de la puissance* »[13].

La protection de l'île cubaine était aussi devenue un enjeu identitaire pour l'Union soviétique. Dans la doctrine marxiste-léniniste, les forces socialistes progressent toujours. Dès lors, l'abandon d'un pays socialiste était inconcevable, comme l'ont plus tard démontré les expériences tchèque et polonaise. Or, depuis qu'Ernesto Guevara avait annoncé en 1960 que Cuba appartenait désormais au camp socialiste, les responsables soviétiques pouvaient difficilement se désintéresser du sort de leur allié. Leur image comme grande puissance communiste, mère-patrie de la révolution socialiste, était en jeu.

En outre, Cuba risquait de se tourner vers la Chine. Jean-Yves Haine souligne à cet égard le caractère orgueilleux de

Khrouchtchev et le décrit comme un homme « *obnubilé par le statut, le prestige et le rang de l'Union soviétique qui tenta de pallier cette infériorité stratégique par une gageure nucléaire* »[14]. À cette époque, la vulnérabilité de Khrouchtchev était liée à l'affaiblissement de son prestige face à l'institution militaire et de l'opinion publique – à cause d'un débat important sur la réduction drastique des dépenses militaires et l'augmentation du prix des produits alimentaires de base –, à tel point que certains parlaient même d'une crise de légitimité du Kremlin[15].

Quant aux décideurs américains, leurs préoccupations stratégiques étaient plutôt secondaires. M. Bundy, conseiller à la Sécurité nationale, interrogea au début de la crise le Secrétaire à la Défense Mc Namara à propos des effets des missiles cubains sur l'équilibre stratégique. La réponse fut sans ambiguïté : pour lui, ils n'avaient « *aucune* » conséquence stratégique majeure[16].

En revanche, leur effet sur la crédibilité de la puissance américaine était jugé important. Selon T. Sorensen, l'assistant particulier du président pour les affaires de sécurité, l'*Ex Com* craignait surtout les conséquences politiques du défi soviétique. En outre, les décideurs américains avaient obtenu des responsables soviétiques – dont Khrouchtchev lui-même et le ministre des Affaires étrangères A. Gromyko – l'assurance que l'Union soviétique n'avait nullement l'intention d'installer des fusées à Cuba[17]. Cette communication perturbée était en l'occurrence perçue par le président Kennedy comme une tromperie l'exposant de plus à des attaques politiques internes fortes : « *Kennedy pensait que le déploiement secret démontrait que Khrouchtchev n'avait aucun respect pour lui. Kennedy était clair dans les rencontres de l'*Ex Com *sur ce point : l'heure était à l'épreuve de force* »[18]. La réaction très émotionnelle et immédiate du président Kennedy lorsqu'il apprit l'installation des fusées à Cuba conforte l'hypothèse suivant laquelle c'était aussi l'identité de la puissance américaine et l'honneur du président qui étaient perçus comme menacés par le comportement soviétique.

Les relations américano-libyennes (1986-2006). Depuis 1981, la Libye était qualifiée d'État terroriste par l'administration américaine qui avait rappelé son ambassadeur dès 1973. En 1986, la puissance américaine procéda à des bombardements aériens sur Tripoli, tuant au passage une des filles de Kadhafi[19]. En juillet 2001, les États-Unis reconduisirent pour cinq ans les sanctions économiques unilatérales imposées à l'Iran et à la Libye, adoptées pour la première fois en août 1996. Un recours des Etats-Unis à la force armée contre la Libye était alors loin d'être exclu malgré une certaine détente des relations entre les deux pays depuis 1999. Autrement dit, depuis que la Libye avait admis que ses ressortissants, soupçonnés d'être impliqués dans l'attentat de Lockerbie, seraient jugés par un tribunal écossais à La Haye. En mai 2006, le Secrétaire adjoint à la Défense, David Welsh, annonça cependant la reprise intégrale des relations diplomatiques avec la Libye ainsi que son retrait de la liste des États soutenant le terrorisme international. Comment comprendre cet antagonisme initial, puis sa résolution spectaculaire ?

Pour les Américains, le régime libyen était l'incarnation de l'État *voyou*. La Libye avait cherché au début des années soixante-dix à se procurer de l'uranium, des centrales nucléaires et des technologies balistiques, par l'intermédiaire de la Chine, puis de l'Égypte et du Pakistan[20]. Toutefois, l'embargo imposé à partir de 1992 – après l'implication libyenne dans l'attentat de la Pan Am sur Lockerbie, en Écosse – réduisit les possibilités pour la Libye de se doter de l'arme nucléaire. En mars 2002, Kadhafi proclama néanmoins que les nations arabes devaient avoir le droit de fabriquer des armes nucléaires en raison de la nucléarisation d'Israël[21].

La Libye était surtout impliquée dans de nombreux attentats terroristes contre les États-Unis. Le 5 avril 1986, un attentat à la bombe, commandité par le colonel Kadhafi, fut perpétré contre la discothèque berlinoise *La Belle*, fréquentée par des soldats américains[22]. En représailles, l'administration Reagan autorisa des frappes aériennes sur des cibles choisies à Tripoli et Benghazi. Le 21 décembre 1988, un attentat contre le

Boeing 747 du vol 103 de la Pan Am au-dessus du village écossais de Lockerbie, fit deux cent-soixante-dix victimes. En 1991, l'implication de la Libye dans cet attentat est avérée et c'est le 27 novembre qu'une déclaration conjointe anglo-américaine exige la livraison des agents libyens suspects. Le 19 septembre 1989, le DC-10 de la compagnie française d'UTA s'écrase au-dessus du désert du Ténéré au Niger, faisant cent soixante et onze victimes. Une fois encore les autorités libyennes semblent être impliquées. La Libye finance par ailleurs des organisations comme le Hamas ou l'IRA (Irish Republican Army).

Ce pays représentait en outre une menace identitaire pour la puissance américaine. Il incarnait non seulement le mépris des droits de l'Homme et l'autoritarisme militaire le plus brutal, mais Kadhafi s'imposait aussi comme le champion des diatribes anti-américaines. Peu après avoir pris le pouvoir en 1969, le colonel Kadhafi avait demandé aux États-Unis de fermer leurs bases militaires sur le territoire libyen et l'ensemble du personnel diplomatique américain avait été retiré de Libye en 1979 après qu'une foule avait attaqué et incendié l'ambassade américaine à Tripoli.

En juin 1981, le président Reagan prit sur le conseil de son Secrétaire à la Défense Caspar Weinberger la décision de défier la Libye en organisant une manœuvre aéronavale dans le Golfe de Syrte. Il craignait que l'autorité de la puissance américaine ne soit mise en cause dans la région. Des escarmouches se produisirent alors avec les forces libyennes, un avion libyen étant abattu. Peu importe si la Libye de Kadhafi s'affirma comme la championne de l'unité arabe, de l'islam, des non-alignés ou de la lutte anti-impérialiste, c'était manifestement le *leadership* américain qui était remis en question[23]. En septembre 2001, le représentant libyen déclarait lors d'une session de l'Assemblée générale des Nations unies : « *Les pays capitalistes ne veulent pas que notre continent se développe. Ils entendent garder l'Afrique telle qu'elle est, pour lui soutirer les matières premières* »[24].

2. La politique de reconnaissance

À l'opposé d'une politique de dissuasion pure, les responsables politiques ont pu apaiser les craintes de l'autre partie *via* une politique de considération qui présente certaines similitudes. Le cas de la crise de Cuba demeure encore celui où la composante dissuasive a joué le rôle le plus important. En l'occurrence, le président Kennedy opta pour le blocus dans une logique de fermeté modérée afin de forcer les Soviétiques à retirer leurs fusées[25].

Toutefois, nous verrons que cette posture dissuasive s'est accompagnée de multiples concessions – à la fois matérielles et symboliques – qui ont permis à Khrouchtchev de se retirer sans *perdre la face*. Malgré tout, le cas cubain illustre plutôt les limites de la dissuasion. Les responsables soviétiques ont confirmé que c'étaient l'armement stratégique, le déploiement des missiles en Turquie et les proclamations de la supériorité stratégique américaine qui les incitaient à défier la puissance américaine à Cuba[26]. De la même manière, le désir de Tripoli d'échapper à la stigmatisation internationale explique le tournant libyen[27].

L'apaisement des relations américano-soviétiques. La politique de l'administration américaine à l'égard de l'Union soviétique se caractérise tout d'abord par un effort pour éviter une escalade dans le conflit. Le président Kennedy avait retenu la leçon supposée de la crise de juillet 1914, suivant l'étude intitulée *The Guns of August* de Barbara Tuchman. Dans l'esprit du président, la crise avait dégénéré en raison d'une mauvaise maîtrise de l'outil militaire, de mauvais calculs et de complexes d'infériorité et de grandeur[28].

Contrairement aux militaires allemands et russes, les militaires américains étaient donc étroitement contrôlés par le pouvoir civil afin d'éviter toute forme d'escalade incontrôlée. Le président Kennedy avait compris que l'emploi de l'outil militaire comme instrument d'une politique d'intimidation pourrait être une arme à double tranchant en favorisant des mesures préventives. Kennedy intervint ainsi directement dans les opérations militaires en ordonnant à la marine américaine de resserrer le blocus naval autour de l'île afin d'éviter une interception précoce des navires soviétiques[29]. Grâce à ces précautions, il disposait de plus de temps pour négocier une solution diplomatique avec les responsables soviétiques. De même, le 27 octobre, il ordonna que les militaires américains ne ripostent pas immédiatement à la destruction de l'avion espion par la défense anti-aérienne cubaine.

En l'occurrence, toute politique d'entente et de *réassurance* suppose au préalable la reconnaissance mutuelle des deux belligérants potentiels. L'engagement du président Kennedy à respecter l'intégrité territoriale de Cuba a ainsi considérablement facilité la résolution de la crise des fusées. En outre, l'inscription de la négociation dans le cadre onusien a favorisé la conclusion d'un compromis entre deux partenaires égaux.

Quant à la politique de reconnaissance au sens propre, force est d'abord de constater l'attention de l'administration américaine à la gestion de la *face positive*. Certains responsables américains, comme l'ambassadeur des États-Unis en Union soviétique, Averell Harriman, étaient pleinement conscients de cet aspect. La clef de l'affaire résidait selon lui dans deux remarques de Khrouchtchev pendant la visite de Robert Frost et Stewart Udall. Khrouchtchev avait affirmé dans cet entretien que les démocraties étaient trop libérales pour se battre. Un premier fait devrait être noté à propos du respect de l'égale dignité : malgré son immense supériorité stratégique, la puissance américaine s'est abstenue d'adresser un ultimatum à l'Union soviétique.

> « *S'il existe une chose que j'ai apprise dans mon métier, c'est de ne pas lancer d'ultimatums. Vous ne pouvez pas mettre l'autre dans une position où il n'existe aucune alternative à l'humiliation. Ni notre nation ni l'Union soviétique ne peuvent se permettre d'être humiliées* »[30].

Le choix du blocus plutôt que des frappes aériennes et *a fortiori* d'une intervention massive visait à faciliter la sortie de crise, tout en préservant l'image de soi que les décideurs américains voulaient donner de la puissance américaine. Ils craignaient par ailleurs que l'analogie avec « *l'odieuse attaque* » japonaise de Pearl Harbor ne s'établisse tout de suite dans l'opinion et n'érode en conséquence la position morale des États-Unis[31].

La grande souplesse dans l'application du blocus autour de Cuba était une autre mesure destinée à préserver la face des décideurs soviétiques. Ainsi, le 24 octobre, le président décida, après une discussion animée avec les membres de *l'Ex Com*, de faire passer le navire *Bucarest* au large de l'île cubaine. Pour Kennedy il s'agissait d'éviter de pousser Khrouchtchev « *dans un coin d'où il ne pût plus échapper* ». Comme le soutient le Secrétaire à la Défense Robert Mc Namara : « *Si le président avait répliqué par des frappes aériennes et l'invasion de Cuba, les forces de l'invasion se seraient sûrement heurtées au feu nucléaire, exigeant une riposte nucléaire de la part des États-Unis* »[32]. Or, nous savons aujourd'hui que 162 têtes nucléaires étaient déjà installées.

Les États-Unis ont non seulement renoncé à bombarder les positions cubaines, mais ils ont proposé des concessions substantielles à Khrouchtchev lui permettant de sauver la face. Outre la garantie de la souveraineté cubaine, ils suggéraient de retirer leurs fusées Jupiter quelques mois après la crise. Même si l'accord négocié entre R. Kennedy et l'ambassadeur soviétique Dobrynin est demeuré secret, la chronologie des faits – une concession précède le dénouement de la crise – contredit donc l'idée selon laquelle la fermeté américaine serait à l'origine des concessions soviétiques.

Le 27 octobre, les responsables américains prirent une autre décision astucieuse pour *sauver la face* soviétique. Ils répondirent favorablement à la première lettre de Khrouchtchev, tout en ignorant la deuxième, beaucoup moins portée au compromis, exigeant notamment un engagement public américain de retirer les missiles *Jupiter* de la Turquie. De cette manière, les décideurs américains n'avaient pas besoin de brusquer leurs homologues soviétiques, tout en ouvrant la voie à une solution négociée. Dans sa réponse, le président américain exigea notamment que l'Union soviétique retirât immédiatement ses fusées, sous l'égide de l'ONU, alors que les États-Unis et leurs alliés s'engageaient à ne pas envahir Cuba.

Il convient certainement de ne pas glorifier outre-mesure la politique de reconnaissance américaine. Ainsi, par crainte d'affaiblir sa position devant l'opinion américaine, le président Kennedy n'a pas cherché à négocier publiquement l'accord dans le cadre des instances de l'ONU. Le fait que Khrouchtchev ait perdu deux ans plus tard la direction du PCUS s'explique par ailleurs en partie par l'impression qu'il avait reculé, alors que la garantie de la souveraineté cubaine et le retrait des fusées Jupiter représentaient des concessions très significatives[33].

Quant au respect de valeurs particulières, Khrouchtchev et Kennedy s'étaient implicitement mis d'accord durant la crise pour ne pas remettre en cause leurs idéologies. Le 23 octobre, le président Kennedy envoya une lettre à Khrouchtchev dans laquelle il soulignait la nécessité que les deux parties « *se montrent prudentes et qu'elles ne fassent rien pour rendre la situation plus difficile* »[34]. S'agissant de l'empathie, les décideurs américains se sont efforcés de se mettre dans la peau des responsables soviétiques, en premier lieu pour comprendre tout simplement quelles étaient leurs intentions. À cet égard, Robert Kennedy a décrit la démarche du président américain de la manière suivante : « *Durant la crise, le président Kennedy passait plus du temps à tenter de déterminer les effets d'une action spécifique sur Khrouchtchev ou les Russes qu'à toute autre chose* »[35]. Dans le documentaire consacré à la crise des fusées de Cuba, *The Fog of War*, le Secrétaire d'État Mc Namara tire la leçon de ces événements ainsi : « *Nous devons tenter de nous mettre dans leur peau et de nous regarder à travers leurs yeux, justement pour comprendre les idées qui sous-tendent leurs décisions et leurs actions* ». En effet, même si l'empathie peut être purement instrumentale, elle présuppose une reconnaissance minimale d'autrui[36].

Les responsables soviétiques ont fourni un exemple d'empathie flagrant après la destruction d'un U2 américain par la défense anti-aérienne, sans autorisation de Moscou, le 27 octobre. Khrouchtchev avait très certainement compris que l'absence de réaction forte face à la mort d'un pilote américain pouvait amener les Américains vers une pente belliqueuse : « *Le personnel cubain et soviétique sur l'île célébra l'événement d'un avion espion abattu, mais Khrouchtchev et ses collègues à Moscou étaient terrifiés car ils comprenaient que Washington croirait que c'était Khrouchtchev qui avait ordonné l'action* »[37]. Alors que c'était en réalité le colonel Voronkov, un remplaçant du général commandant la défense anti-aérienne Sam, qui avait pris la décision fatidique sous la pression cubaine.

La thèse de la résolution de la crise des fusées de Cuba par une politique de reconnaissance n'est pas totalement incompatible avec celle plus *réaliste* d'une résolution pacifique en raison de la crainte d'une destruction mutuelle. En effet, tout porte à croire que la modération de Kennedy et de Khrouchtchev était en partie dictée par le souci d'éviter à tout prix un affrontement armé susceptible d'aboutir à une apocalypse nucléaire. Toutefois, la dissuasion reste compatible avec le maintien de la face de l'autre si elle n'est pas accompagnée d'une démarche ouvertement coercitive.

Dans son journal, Robert Kennedy remarquait à propos du président : « *Toutes ses délibérations étaient animées par l'effort [...] de ne pas humilier l'Union soviétique* »[38]. De même, dans son discours à l'*American University* de 1963, le président Kennedy citait comme leçon de la crise le fait « *d'éviter des affrontements qui pourraient mettre l'adversaire devant le choix d'une défaite humiliante ou d'une guerre nucléaire* »[39].

L'apaisement des relations américano-libyennes. Un premier tournant dans les relations américano-libyennes a été l'accord des États-Unis en 1999 pour faire juger les suspects libyens par un tribunal écossais au Pays-Bas. L'action diplomatique des membres de l'OUA (Organisation de l'Union Africaine) et du mouvement des non-alignés ainsi que les bons offices du président de l'Afrique du Sud et du roi d'Arabie Saoudite, et surtout du Royaume-Uni, ont conduit à une inflexion de la position américaine. La Libye a accepté à son tour d'extrader les suspects libyens à La Haye. Le procès s'est ouvert en 2000[40].

La Libye a profité de l'occasion pour se présenter comme un champion de la lutte anti-terroriste en jouant notamment un rôle d'intermédiaire d'une part, dans la libération des otages occidentaux de l'île de Jolo aux Philippines en 2001 détenus par le mouvement Abbu Sayef et d'autre part, dans celle des touristes européens retenus en otage par des groupes islamiques en Algérie en 2003. La Libye a adhéré par ailleurs à plusieurs conventions internationales contre le terrorisme, qu'il s'agisse de celles de La Haye – contre la piraterie aérienne (1970) ou du Caire (1998).

Après les attentats du 11 septembre, contrairement à Saddam Hussein, Kadhafi a saisi l'occasion, de condamner le terrorisme devant l'opinion internationale. Il a exprimé sa compassion envers le peuple américain en mettant en avant le fait que, indépendamment des divergences d'intérêts, la sympathie avec le peuple américain était dans ces circonstances un devoir humain. Il a proposé une assistance humanitaire aux victimes de la catastrophe et la Libye a approuvé la guerre américaine contre l'État taliban[41]. Le 13 novembre 2001, Kadhafi a donné des garanties publiques en signant la convention internationale pour la suppression du financement du terrorisme, la convention internationale contre le crime international organisé ainsi que les trois protocoles sur l'interdiction complète des essais nucléaires. Il chercha également à prévenir toute entrée de terroristes sur le territoire libyen, en durcissant les conditions d'obtention de visa.

La reconnaissance par la Libye de sa responsabilité dans les attentats de Lockerbie demeure néanmoins l'étape la plus décisive dans la normalisation des relations américano-libyennes. Ainsi, le 15 août 2003, Kadhafi l'officialisa par une lettre à l'ONU : « *La Libye comme État souverain a facilité l'extradition des deux suspects accusés d'avoir saboté le Pan Am 103 et accepta la responsabilité pour l'action de ses fonctionnaires* »[42]. Le 13 août 2003, un accord officiel entre Tripoli, Londres et Washington a été signé, dans lequel la Libye s'est engagée à verser 2,7 milliards de dollars aux familles des victimes[43]. Les États-Unis ont alors supprimé la Libye de la liste des États terroristes.

Le seul obstacle à la normalisation complète des relations américano-libyennes restait désormais le soupçon autour d'une éventuelle tentative de la Libye de se doter de l'arme nucléaire ainsi que d'armes chimiques et biologiques. Après des négociations secrètes avec les États-Unis et le Royaume-Uni menées à partir de mars 2003, le colonel Kadhafi a annoncé, en décembre 2003, son intention de renoncer définitivement aux armes de destruction massive et de démanteler, sous contrôle international, son programme d'armes biologiques, chimiques et nucléaires ainsi que de supprimer tous les missiles balistiques d'une portée supérieure à trois cents kilomètres[44]. Les négociations et discussions trilatérales sont restées longtemps secrètes ainsi que l'envoi d'experts britanniques et américains. Ces derniers ont été informés lors de leurs visites en Libye de l'ampleur des activités en matière nucléaire, biologique, chimique et balistique. On peut parler à ce propos d'inspections *clandestines*, permettant de *sauver la face* des responsables libyens. Par ailleurs, le colonel Kadhafi n'a pas hésité à rappeler que, durant la Guerre froide, la Libye avait proposé que les régions du Proche et du Moyen-Orient ainsi que l'Afrique fussent dénucléarisées[45]. La posture dissuasive des États-Unis pouvait se développer indirectement envers la Libye, sans que la *face* de cette dernière ne soit mise en jeu[46].

Outre des concessions sécuritaires – terrorisme, prolifération des ADM –, la satisfaction des demandes symboliques (Lockerbie) a donc constitué le facteur le plus décisif dans l'apaisement de la position américaine à l'égard de Tripoli. Contrairement aux explications *libérales* mettant en avant les intérêts économiques et notamment énergétiques (pétrole et gaz) des États-Unis, il convient de noter que les milieux d'affaires qui militaient en 2001 pour une levée des sanctions ne sont pas parvenus à s'imposer face aux groupes d'intérêt, tels que l'*American Israel Public Affairs Committee* ou les parents des victimes du vol 103. À cette époque, les coûts moraux et intérieurs d'une normalisation demeuraient bien trop importants pour les responsables américains[47].

Ce tournant s'explique aussi par le désir de la Libye d'échapper à sa stigmatisation internationale, devenue effective en 1992, avec la résolution 748 du Conseil de sécurité. Du point de vue de la pénalisation symbolique, les sanctions imposées par l'ONU et l'arrêt de la circulation aérienne entre Tripoli et les capitales occidentales ont montré leur efficacité.

Toutefois, toutes ces sanctions n'auraient pas donné de résultats selon l'étude de Jamie Calabrese si les puissances occidentales n'avaient pas signalé à Tripoli la possibilité d'une réhabilitation diplomatique en cas de collaboration, notamment avec les États-Unis et le Royaume-Uni[48]. En somme, « *rejoindre la communauté des nations* » fut l'objectif majeur de la diplomatie libyenne[49].

Notes

1. Jean-Louis Dufour, *Les Crises internationales de Pékin-1990 à Sarajevo*, 1995, Bruxelles, Complexe, 1996, p. 148.
2. Richard N. Lebow, Janice Gross Stein, *We All Lost the Cold War*, New Jersey, Princeton University Press, 1995, chap. 4.
3. Nikita K. Khrushchev, *Khrushchev Remembers: the Last Testament*, Londres, Strobe Talbott Deutsch, 1971, p. 503.
4. *Ibid.*
5. Laurence Chang, Peter. Kornbluh (Eds.), *The Cuban Missile Crisis 1962*, New York, New Pr, 1992.
6. Sur le site : http://cgi.cvm.qc.ca/APHCQ/scripts/aphcq.pl?get&Bulletin/Dossiers/La%20crise%20des%20missiles%2àde%de%20Cuba%20en%é0octobre%201962.htm.
7. Cité par Dominic Johnson, Dominic Tierney, « Essence of Victory. Winning or Loosing International Crises », *Security Studies*, 13, hiver 2003-2004, p. 356.
8. Jean-Yves Haine, « Débat : la crise des missiles de Cuba », in: Jean-Yves Haine (Éd.), *Cultures et Conflits*, 36 (1), 2002, en ligne : conflits.revues.org/index596.html
9. *Ibid.*, p. 4.
10. Nikita Khruschev, *op. cit.*, p. 423.
11. *Ibid.*, p. 504.
12. Haine, *op. cit.*
13. *Ibid.*, p. 4.
14. *Ibid.*
15. Johnson, Tierney, « Essence of Victory », *op. cit.*, p. 368.
16. May Ernest, Zelikov Philip D. (Eds.), *The Kenendy Tapes. Inside the White House during the Cuban Missile Crisis*, Cambridge, Harvard University Press, 1997.
17. Johnson, Tierney, « Essence of Victory », *op. cit.*, p. 356.
18. *Ibid.*.
19. Delphine Perrin, « La politique juridique extérieure de la Libye », in : Olivier Pliez (Éd.), *La Nouvelle Libye. Sociétés, espaces et géopolitique au lendemain de l'embargo*, Paris, Karthala, 2004, p. 21.
20. SIPRI Yearbook 2004.
21. SIPRI Yearbook 2004, chap. 15, Oxford, Oxford University Press, 2004.
22. Dufour, *op. cit.*, p. 226 *sq.*
23. Cf., Younis Ali Lahwej, « Ideology and Power » in : *Libyan Foreign Policy*, Department of Politics, University of Reading, UK, sept. 1998 (thèse non publiée).

24. Olivier Pliez (Éd.), *La Nouvelle Libye. Sociétés, espaces et géopolitique au lendemain de l'embargo*, Paris, Karthala, 2004, p. 36.
25. Stephen Rosen, *War and Human Nature*, Princeton, Princeton University Press, 2005, p. 59.
26. Richard N. Lebow, Janice Gross Stein, « Nuclear Lessons of the Cold War », in : Ken Booth (Ed.), *Statecraft and Security*, Cambridge, Cambridge University Press, 1998, pp. 71-86, p. 72
27. « Selon son fils, le colonel Kadhafi n'a pas renoncé au nucléaire à cause de la guerre contre Saddam », *Le Monde*, 11 fév. 2004.
28. Paul M. Kennedy, *The Rise and Fall of Great Powers*, New York, Random House, 1988, p. 62.
29. Graham Allison, *Essence of Decision*, Boston, Little Brown, 1971, p. 130. L'amiral Anderson, responsable du blocus naval, voulait d'abord instaurer un blocus naval plus élargi. Cf., désormais la réédition de son ouvrage de 1999, en collaboration avec P. Zelikov.
30. Cité par Friedrich Kratochwil, *Rules, Norms and Decisions*, Cambridge, Cambridge University Press, 1989, p. 50.
31. Kennedy, *op. cit.*, p. 49.
32. Mc Namara cité par : http://www.armscontrol.org/act/2002_11/cubanmissile.asp
33. Johnson, Tierney, « Essence of Victory », *op. cit.*, p. 370.
34. Cf., Mark White, *The Kennedys and Cuba. The Declassified Documentary History*, Chicago, Ivan R. Dee, 2001.
35. Kennedy, *op. cit.*, p. 124.
36. Axel Honneth, *La Réification*, trad., Paris, Gallimard, 2005, p. 59.
37. Mc Namara, Blight, *The Miracle of October: Lessons from the Cuba Missile Crisis, op. cit.*, p. 10 *sq.*
38. Kennedy, *op. cit.*, p. 124.
39. Cité par *ibid.*, p. 126.
40. Perrin, in : Pliez, *op. cit.*, p. 26.
41. Cf., www.mathaba.net/news/news1/usa/mq1.shtml ; Cf., aussi les développements de son fils Saif Aleslam al Qadhafi, « Libyan-American Relations », *Middle East Policy Council Journal*, 10 (1), print. 2003 ; entretien avec le Colonel Kadhafi, *Newsweek*, 20 janv. 2003.
42. « Libyan Payment to Families of Pan Am Flight 103 Victims », *American Journal of International Law*, 97 (4), p. 989.
43. Pliez, *op. cit.*, p. 26.
44. SIPRI Yearbook 2004, chap. 15, *op. cit.*
45. Discours du colonel Kadhafi le 19 décembre in : *ibid.*, p. 196.
46. Cf., Moncef Djaziri, « La Libye : les élites politiques, la stratégie de 'sortie' de crise et la réinsertion dans le système international », *Annuaire de l'Afrique du Nord*, 38, 1999.

47. Said Haddad, « Le retour à la communauté des nations ou la stratégie américaine de la Libye », *Annuaire de l'Afrique du Nord*, 41, 2003, p. 174.
48. Perrin, *op. cit.*, p. 26.
49. Haddad, *op. cit.*

Conclusion

L'analyse des guerres à travers la problématique de la reconnaissance fournit des explications différentes des approches traditionnelles, mais suggère aussi d'autres issues pour prévenir les guerres. De manière plus globale, une approche attentive à la problématique identitaire ne se demande pas seulement si telle ou telle décision affaiblit ou renforce stratégiquement et économiquement un État, mais aussi comment elle affecte l'estime qu'ont leurs dirigeants d'eux-mêmes et de la collectivité à laquelle ils appartiennent. Contrairement aux approches réalistes ou libérales, cette dernière suggère que la guerre n'est pas nécessairement évitée lorsqu'un État est plus puissant que son adversaire ou capable de lui infliger des coûts humains et économiques importants en cas d'agression armée.

Dans la perspective identitaire de la prévention des conflits, il importe surtout d'éviter une humiliation de l'adversaire. L'évitement des offenses suppose que l'on se mette à la place d'autrui en tenant compte de ses valeurs et de son « *référentiel identitaire* »[1]. À cet égard, des postures coercitives ou dissuasives sont rarement couronnées de succès si elles ne laissent pas de sortie honorable à l'adversaire. En l'occurrence, nous avons défendu la thèse suivant laquelle la probabilité d'une guerre est plus élevée si les coûts symboliques de la paix sont plus grands que les coûts symboliques de la guerre. Inversement, la probabilité du maintien de la paix est forte, lorsque les coûts symboliques de la guerre sont plus importants que ceux du maintien de la paix[2]. Une stratégie de paix consiste de ce fait à abaisser les coûts symboliques de la paix et à augmenter ceux de la guerre. En somme, il s'agit de minimiser à la fois le risque d'humiliation sur la scène internationale, tout en rendant la guerre moralement inacceptable.

Ce processus de *civilianisation* est comparable à la pacification interne reposant sur la délégitimation de la violence et la diffusion des identités partagées[3]. Contrairement aux perspectives classique, réaliste ou libérale, cette approche d'inspiration constructiviste suggère que la pacification progressive au sein de l'OCDE tient beaucoup au développement de normes pacifiques et d'identités partagées rendant la guerre moralement coûteuse. Elle tient aussi au progrès dans la préservation de la *face d'autrui* par le développement des pratiques multilatérales et institutionnelles ainsi qu'au recul des politiques dissuasives, coercitives et arrogantes, réduisant d'autant les coûts symboliques de la paix.

Selon notre première hypothèse, celle de la guerre pour le prestige, les décideurs attachés à une image supérieure restent plus sensibles aux offenses identitaires. Quant à la prévention des conflits, deux démarches s'imposent. À long terme, une stratégie de paix doit viser à promouvoir des valeurs égalitaires et civiles dans le système international et au sein des États menacés par des guerres civiles. Elle doit de ce fait viser à affaiblir des acteurs attachés à des valeurs aristocratiques. Si l'on entend éviter des conflits armés avec des États agressifs, on doit donc clairement renoncer à tout comportement susceptible de mettre en question l'image grandiose qu'ils se font d'eux-mêmes et notamment renoncer aux démarches ouvertement coercitives et dissuasives mettant en jeu leur face[4]. Une stratégie de paix à court terme, vise par conséquent l'apaisement symbolique en les privant du prétexte d'ouvrir des hostilités armées.

La prise en compte de la problématique de la reconnaissance conduit à une attitude critique envers le libéralisme militarisé, c'est-à-dire envers l'exportation forcée de la démocratie. Celle-ci peut en effet être ressentie comme humiliante et devenir contre-productive. *A contrario*, les traités de désarmement ou de non-prolifération sont loin d'être inefficaces. Notons à ce titre que plus une norme est institutionnalisée et durable, et plus sa violation est peu probable car moralement coûteuse. De la même manière, plus des conceptions égalitaires se substituent à la recherche d'une supériorité en termes de reconnaissance (la *megalothymia*) et plus le maintien de la paix devient symboliquement acceptable. Sur ce point, les acteurs non-étatiques – comme les communautés épistémiques, les mouvements pacifistes ou des ONG humanitaires – contribuent aussi à la stigmatisation du recours à la force.

Quant à la deuxième hypothèse, selon laquelle les conflits sont plus fréquents entre États qui s'estiment radicalement opposés dans les légitimités internes et au niveau de leurs valeurs, elle nous rappelle que la violence n'est jamais purement instrumentale. Elle contient « *un principe de non légitimité* »[5] et suppose pour cette raison une disqualification d'autrui comme *État voyou* ou terroriste[6]. La paix n'est pas simplement le résultat d'un calcul des coûts et des gains, mais elle s'avère aussi fonction des loyautés et du sentiment d'ipséité. On peut par exemple douter du fait que la paix à l'intérieur de l'Union européenne soit le pur résultat des intérêts stratégiques ou économiques. Elle tient aussi à la réalité d'une identification positive entre États européens et à l'émergence de *matrices cognitives et normatives communes*[7].

L'aide aux autres, l'empathie, les échanges culturels et économiques, l'interdépendance, des menaces écologiques communes, l'homogénéité politique et des pratiques d'autorestriction dans l'exercice du pouvoir sont susceptibles de promouvoir de telles identités à long terme. Inversement, les décideurs d'un État en conflit avec un autre ne devraient jamais sous-estimer les solidarités identitaires et donc la probabilité de l'intervention d'une puissance tierce.

Nos hypothèses trois et quatre relatives à la politique de reconnaissance contenaient implicitement des recommandations pour la prévention des conflits. Elles mettaient en avant qu'un déni de reconnaissance peut aussi bien résulter d'une dépréciation identitaire explicite – atteintes au statut, à l'honneur, à l'autonomie d'autrui – qu'être le résultat d'une dévalorisation plus subtile comme le manque d'empathie culturelle et affective. L'effet des dénis de reconnaissance sur les origines de la guerre peut être immédiat ou plus lointain. Dans ce dernier cas on assiste à la formation d'une identité d'exclusion se muant progressivement en *identité de distinction* et en agressivité, à l'image de l'Allemagne national-socialiste née du traité de Versailles.

De manière conjoncturelle, lors d'une crise internationale, une politique de reconnaissance repose autant sur l'approche classique de réassurance que sur la politique moins connue de *facework*, au sens d'un travail pour la préservation ou la restauration de la *face d'autrui*. Elle s'abstient par ailleurs de dénigrements statuaires ou moraux susceptibles de porter atteinte à la *face*. Plus positivement, une politique de reconnaissance tente d'affirmer le droit à l'existence, le principe d'égalité et de souveraineté et prend en compte des particularités historiques et culturelles d'autrui[8]. Une telle démarche implique l'attention et la compassion lorsqu'autrui est exposé à des événements graves tels que les attentats et catastrophes naturelles.

Enfin, les décideurs d'un État qui manipulent le sentiment national ou qui mobilisent l'outil militaire à des fins de coercition et d'intimidation peuvent rapidement se retrouver dans une situation d'où il devient difficile de se retirer sans *perdre la face*. Cela suggère que la marge de manœuvre de la diplomatie est singulièrement réduite lorsqu'une crise a atteint un certain stade. Il convient par conséquent d'imaginer des mécanismes de *cooling off* ou *apaisement des tensions*. À cet égard, des négociations secrètes peuvent se révéler utiles pour désamorcer les crises.

Notes

1. Cette notion est proche de celle utilisée par les analyses cognitives des politiques publiques. Cf., Pierre Muller, *Les Politiques publiques*, Paris, PUF, 2000, p. 44.
2. Quant à la non-utilisation de l'arme nucléaire après Hiroshima et Nagasaki, un argument semblable est proposé par Nina Tannenwald, « The nuclear taboo : The United States and the Normative Basis of Nuclear Non-Use », *International Organization*, 53, 1999, pp. 433-468.
3. Pour la pacification interne, cf., Yves Deloye, Olivier Ihl, « La civilité électorale : vote de forclusion de la violence en France », in : Philippe Braud (Éd.), *La Violence politique dans les démocraties occidentales*, Paris, L'Harmattan, 1993, pp. 75-96. Les auteurs démontrent qu'elle repose moins sur un rapport des forces – la monopolisation de la violence au sens de Weber – mais plutôt sur l'entreprise d'acculturation civique qui délégitime l'éclatement des violences, les rendant symboliquement coûteuses pour les acteurs.
4. Les démarches coercitives sont encore plus compromettantes pour la face d'autrui que des postures dissuasives dans la mesure où elles visent non seulement à empêcher l'autre de faire quelque chose, mais à modifier son comportement. Cf., Pascal Vennesson, « 'Bombarder pour convaincre' ? Puissance aérienne, rationalité limitée et diplomatie coercitive au Kosovo », *Culture et Conflits*, 37, print. 2000, pp. 23-59.
5. Michel Wieviorka, *La Violence*, Paris, Hachette, 2005, p. 211.
6. Sur l'usage problématique du label *terroriste*, Isabelle Sommier, *Le Terrorisme*, Paris, Flammarion, 2000, p. 85.
7. Yves Surel, « L'intégration européenne vue par l'approche cognitive et normative des politiques publiques », *Revue Française de Science Politique*, 50 (2), avril 2000, pp. 235-254.
8. Cf., Alain Dieckhoff, *Israéliens et Palestiniens. L'épreuve de la paix*, Paris, Aubier-Montaigne, 1998.

Bibliographie

Relations Internationales

Baylis John, Smith Steven (Eds.), *The Globalization of World Politics*, Oxford, Oxford University Press, 2001.
Ramel Frédéric, *Les Fondateurs oubliés. Durkheim, Simmel, Weber, Mauss et les relations internationales*, Paris, PUF, 2006.

Théorie réaliste

Aron Raymond, *Paix et guerre entre les nations*, [1962], Paris, Calmann-Lévy, 1984.
Carr Edward H., *The Twenty Years' Crisis*, 2ᵉ éd., Londres, Macmillan, 1946.
Gilpin Robert, *War and Change in World Politics*, New York, Cambridge University Press, 1981.

Théorie des régimes

Hasenclever Andreas (Ed.), *Theories of International Regimes*, Cambridge, Cambridge University Press, 1997.
Keohane Robert O. (Ed.), *After Hegemony. Cooperation and Discord in the World Economy*, Princeton, Princeton University Press, 1984.
Krasner Stephen D., *International Regimes*, Ithaca, Cornell University Press, 1983.
Nye Joseph, *The Paradox of American Power: Why the World's Superpower can't go it Alone*, Oxford, Oxford University Press, 2002.

Constructivisme

Ouvrages

Hopf Ted, *Social Construction of World Politics. Identities and Foreign Policy*, Ithaca, Ithaca, Cornell University Press, 2002.
Katzenstein Peter J. (Eds.), *The Culture of National Security*, New York, Columbia University Press, 1996.

Articles

Keohane Robert (Ed.), « Forum on Alexander Wendt », *Review of International Studies*, 26, 2000, pp. 123-180.
Adler Emanuel, « Seizing the Middle Ground. Constructivism in World Politics », *European Journal of International Relations*, 3, 1997, pp. 319-362.
Checkel Jeffrey, « The Constructivist Turn in International Relations Theory », *World Politics*, 50, 1998, pp. 324-348.

Les origines de la guerre

Ouvrages

Blainey Geoffrey, *The Causes of War*, New York, Free Press, 1988.
Caldor Mary, *New and Old Wars*, Stanford, Stanford University Press, 1999.
Copeland Dale, *The Origins of Major War*, Ithaca, Cornell University Press, 2000.
Nelson Keith L., Olin Spencer C., Jr., *Why War? Ideology, Theory, and History*, Berkeley, University of California Press, 1979.
Sofsky Wolfgang, *Traité de la violence*, Paris, Gallimard, 1996.
Stoessinger John, *Why Nations Go to War*, 7ᵉ éd., New York, St. Martin's Press, 1998.
Vasquez John, *The War Puzzle*, Cambridge, Cambridge University Press, 1993.

Articles

Bremer Stuart, « Democracy and Militarized Interstate Conflicts 1816-1965 », *Internatioanal Interactions*, 18 (3), fév. 1993, pp. 231-249.
Layne Christopher, « Kant ou Cant. The Myth of the Democratic Peace », *International Security*, 19 (2), aut. 1994, pp. 5-49.

Reconnaissance

Allan Pierre, Keller Alexis (Eds.), *What Is Just Peace*, Oxford, Oxford University Press, 2006.
Blumer Herbert, *Symbolic Interactionism*, Berkeley, University of California Press, 1969.
Fraser Nancy, *Qu'est-ce que la justice sociale ? Reconnaissance et redistribution*, Paris, La Découverte, 2005.
Katzenstein Peter J., *The Culture of National Security*, New York, Columbia University Press, 1996.
Renault Emmanuel, *L'Expérience de l'injustice. Reconnaissance et clinique d'injustice*. Paris, La Découverte, 2004.
Ricoeur Paul, *Parcours de la reconnaissance*, Paris, Gallimard, 1992.

Dimensions symboliques de la violence

Ouvrages

Buzan Barry (Ed.), *Security: A New Framework for Analysis*, Boulder (Col.), Lynne Rienner, 1998.
Crawford Neta, *Argument and Change in World Politics*, Cambridge, Cambridge University Press, 2002.
Crettiez Xavier (Éd.), *L'Europe à l'épreuve des séparatismes violents*, Paris, La Documentation française, 1999.
Fletcher Jonathan, *Violence and Civilization*, Cambridge, Polity Press, 1997.

Harle Vilho, *The Enemy With a Thousand Faces. The Tradition of the Other in Western Political Thought and History*, Westport (Con.), Praeger, 2000.
Thomas Ward, *The Ethics of Destruction: Norms and Force in International Relations*, Ithaca, Cornell University Press, 2001.

Articles

Knudsen Olav, « Post-Copenhagen Security Studies: Desecuritizing Securitization », *Security Dialogue*, 32, 2001, pp. 355-368.
Megret Frederic, « War'? Legal Semantics and the Move to Violence », *European Journal of International Law*, 13, 2002, pp. 361-399.

Crises internationales

Allison Graham, Zelikov Philip, *Essence of Decision. Explaining the Cuban Missile Crisis*, New York, Longman, 1999.
Rook Stephen, *Appeasement in International Relations*, Lexington (Ken.), University Press of Kentucky, 2000.
Yetiv Steve A., *Explaining Foreign Policy. US Decision-making and the Persian Gulf War*, Baltimore, John Hopkins University Press, 2004.

Cuba

Bundy Mc George, *Danger and Survival*, New York, Random House, 1988
Garthoff Richard L., *Reflections on the Cuban Missile Crisis*, Washington D.C., The Brooking Institution, 1987

Guerre des Six Jours

Bar-Zohar Michel, *Histoire secrète de la guerre d'Israël*, Paris, Fayard, 1968.
Oren Michael, *Six Days of War*, Oxford, Oxford University Press, 2002.

Irak

Challiand Gérard, *D'une Guerre d'Irak à l'autre. 1991-2004*, Paris, Métailié, 2004.
Daalder Yvo, Lindsay James L., *America Unbound*, Washington D.C., Brooking Institution Press, 2003.
Laurens Henri, *L'Orient arabe à l'heure américaine*, Paris, Armand Colin, 2004.

Libye

Crook John R., « US/UK Negociations with Libya regarding Non-Proliferation », *American Journal of International Law*, 99 (1), janv. 2004, pp. 195-197.

Table des matières

Sommaire 9
Introduction 11

Partie I
Approches symboliques des conflits internationaux 19

Chapitre I
La lutte pour la reconnaissance 21
1. Logiques utilitaristes, émotionnelles et morales 21
Motivations matérielles 22
Motivations émotionnelles 25
Motivations cognitives et morales 26
Effets identitaires des dénis de reconnaissance 28
2. Une reconnaissance pluridimensionnelle 29
Dimensions symboliques 30
Dimensions matérielles 31

Chapitre II
La lutte pour la reconnaissance internationale 37
1. *Human needs* et constructivisme 37
Les précurseurs 37
Human needs 39
Constructivisme 40
2. L'État peut-il être offensé ? 41
Les émotions dans la quête de reconnaissance 41
Démocraties et émotions 42
Motivations instrumentales 43

Chapitre III
La guerre pour la reconnaissance 47
1. Pour un constructivisme *matérialiste* 47
Des identités variables 47
Les besoins de reconnaissance 49
2. Guerre et dénis de reconnaissance 52
La guerre pour l'affirmation identitaire 52
Les hypothèses 54
La guerre pour le prestige 55
La guerre facilitée par l'absence d'identités partagées 57
La guerre pour la dignité 60
Les guerres pour l'identité 60

Partie II
Gestion de la face dans les crises internationales 65

Chapitre I
Théories des crises internationales 67
1. Les États vulnérables insensibles à la dissuasion 68
2. La reconnaissance apaisante 69

Chapitre II
Crises à l'issue belliqueuse et *face menacée* 75
1. Une vulnérabilité stratégique et identitaire 75
La crise précédant la Guerre des Six Jours 75
Les Américains et l'Irak en 2001-2003 78
2. L'affirmation identitaire contre la dissuasion 83
La Guerre des Six Jours 83
La guerre contre l'Irak 87

Chapitre III
Crises à l'issue pacifique et *face sauvée* 99
1. Des États vulnérables mais pacifiques 99
Khrouchtchev et le *missile gap* 99
Les relations américano-libyennes (1986-2006) 103
2. La politique de reconnaissance 105
L'apaisement des relations américano-soviétiques 105
L'apaisement des relations américano-libyennes 109

Conclusion 117
Bibliographie 123

L'HARMATTAN, ITALIA
Via Degli Artisti 15 ; 10124 Torino

L'HARMATTAN HONGRIE
Könyvesbolt ; Kossuth L. u. 14-16
1053 Budapest

L'HARMATTAN BURKINA FASO
Rue 15.167 Route du Pô Patte d'oie
12 BP 226 Ouagadougou 12
(00226) 76 59 79 86

ESPACE L'HARMATTAN KINSHASA
Faculté des Sciences Sociales,
Politiques et Administratives
BP243, KIN XI ; Université de Kinshasa

L'HARMATTAN GUINEE
Almamya Rue KA 028 en face du restaurant le cèdre
OKB agency BP 3470 Conakry
(00224) 60 20 85 08
harmattanguinee@yahoo.fr

L'HARMATTAN COTE D'IVOIRE
M. Etien N'dah Ahmon
Résidence Karl / cité des arts
Abidjan-Cocody 03 BP 1588 Abidjan 03
(00225) 05 77 87 31

L'HARMATTAN MAURITANIE
Espace El Kettab du livre francophone
N° 472 avenue Palais des Congrès
BP 316 Nouakchott
(00222) 63 25 980

L'HARMATTAN CAMEROUN
Immeuble Olympia face à la Camair
BP 11486 Yaoundé
(237) 458.67.00/976.61.66
harmattancam@yahoo.fr

L'HARMATTAN SENEGAL
« Villa Rose », rue de Diourbel X G, Point E
BP 45034 Dakar FANN
(00221) 33 825 98 58 / 77 242 25 08
senharmattan@gmail.com

634603 - Décembre 2015
Achevé d'imprimer par